中国年俗

CUSTOMS IN THE CHINESE NEW YEAR

中央广播电视总台　编

江西美术出版社
全国百佳图书出版单位

《中国年俗》图书编委会

序

祝福的本义

郭文斌

和王海涛先生合作十年了，他约我出任八集纪录片《中国年俗》的文字统筹，我是一个大年迷，当然要答应。

快要过年了，剧组攻坚克难，分赴各地采拍，赶在春节期间，将节目顺利播出，收获极好反响。在我的印象中，这应该是中华优秀传统文化纪录片表达的破冰作之一。接着，我们又牵手《记住乡愁》。黄坤明部长给我们做拍前辅导、播后总结的情景恍如昨日，一次次和编导们过选题、采点、审片的场景历历在目。

壬寅虎年，节目以图书形式和读者见面，既是对节目的延续，也是对习近平总书记用情用力讲好中国故事这一号召的积极回应。本书的出版将为民众从年俗中坚定文化自信，增强文化认同，助力乡村振兴，助一臂之力。

把八集节目又看了一遍，我仍然觉得好，仍然觉得这是近十年来看到的年俗节目中最鲜活的。

立春这天，我接到了图书清样。浏览一遍，脑海中冒出这样的句子：电视人编的图书。它给我的感觉不能单单用图文并茂来形容。它既有古老年画的韵味，又有电视视角的现代气息，是图书，又是画集，是从八集节目中挑拣出来的年俗珍珠——养眼，养心又养神。小标题尤其精彩，既是年俗的陈述，又是诗性的演义，相信读者一打开目录，就想深入阅读。全书五章，仅以第一章“忙在腊月”为例：

腊八粥——开启年的序幕／腊鼓——唤醒沉睡的大地／年画——渐渐远去的记忆／赶大集——跨越边境的忙年／花市——让春天走进家门／祭灶——一场与家“神”的对话／理发——有钱没钱，剃头过年／窗花——剪刀开合间的新春祝福／水仙花——清香的年味／杀年猪——热气腾腾的忙年／打糍粑——土家儿女记忆中的年味／花馍——“母亲的艺术”传承千载。

而“守在三十”“聚在初一”“乐在初二”“玩在正月”中的一个个小标题，更是抓人。

习近平总书记指出，要把中华优秀传统文化的精神标识提炼出来、展示出来，要把中华优秀传统文化中具有当代价值、世界意义的文化精髓提炼出来、展示出来。在我看来，这本书传递的，正是中华优秀传统文化的精神标识和文化精髓。全书传达的敬畏、感恩、平等、和气、共享、团圆等思想，也正是当前人类所亟需的。

而思想只有通过程式才能落地。中华民族先祖正是看到这一点，再结合大自然律令设节。年年岁岁周而复始永不间断的节仪让人类得以永续智慧的生活化、功能化、养成化、素养化，由人而众，变成一个民族永久的维护力、生产力、凝聚力，最终成为中华民族的文化认同、文化自觉、文化自信，也成为中华民族的价值引导力、文化凝聚力和精神推动力。

可是，为什么不少人说年味越来越淡了呢?

在我看来，是人们渐渐忽略了年节的教育和祝福功能。为此，《中国年俗》纪录片和图书都特别突出了教育和祝福功能。

一是“敬”的教育。通过对天地、神灵、祖先及古圣先贤等祭祀活动，培养后人的敬畏心和感恩心。从“忙在腊月”中，我们知道，中国人的年从腊八开始。由此，老人们教育孩子慎独持敬，管理起心动念，心思皆要向美、向善、向上，对一碗一筷都要恭恭敬敬。试想，这样的状态保持四十天，一个人的养成教育就初步形成了。

二是“静”的教育。我在拙著《寻找安详》中专门写过一章，主要观点是一个人要想打开生命智慧，获得根本性的喜悦幸福，必须走进深度安静，由此感受生命的本质、核心，感受幸福，珍惜它，善待它。而“守在三十”向观众和读者展示的，正是这种静。这种静，是通过守岁的“守”来完成的。在拙著《农历》中，我借六月父亲的口讲过，这除夕晚上的“守”，是让我们一寸一寸地感受时间。当一个人能够一寸一寸地感受时间，他就能够给生命当家作主，在未来的生活和工作中，就不会轻易被利益绑架，滑向欲望的深渊。

三是“境”的教育。在“忙在腊月”“守在三十”“聚在初一”“乐在初二”“玩在正月”中，我们看到，中国人过大年，事实上是在给后代设计一个个教育环境。无论是除尘、祭灶、祭祖，还是贴春联、请门神、粘窗花，又或是贴年画、耍社火、拜大年，都是融入情境的教育方式。后人们在祥和的气氛中，耳濡目染地接受礼乐文化的熏陶，感受美和善。

四是“净”的教育。前三个方面，最终要达成的人格境界是“净”，让我们的内心一尘不染。在古人看来，一个一尘不染的人，就拥有了完美的人格，脱凡成圣了。无论是八集节目，还是本书，处处可见年俗对心灵纯洁的维护。老人让孩子在一种强烈的节日气氛中摒除私欲，去除仇恨，赶走抱怨，把念头定在祝福上，企盼天人合一，让分多润寡、守望相助的美德，通过一年一度的大年礼代代相传，让“命运共同体”的意识深入千家万户。生命的整体性、平等性，不但体现在对待人伦上，还体现在对待动物、植物、天地万物上。一个心中有敬，有静，有境，又能净的人，自然会身心安泰。在我看来，这就是祝福的本义。

记得当初在给导演讲节目的时候，我曾讲，“年”的古意是谷物成熟，也象征着人格的成熟，生命境界的成熟。一个人，如果能全面地接受敬的教育、静的教育、境的教育和净的教育，他的生命境界一定会成熟得多。中华优秀传统文化注重培根铸魂，注重整体性教育。而整体性教育，正是中华传统节日的长项。因为中华传统节日设节立仪，正是基于大自然节律，基于天人合一的理念，基于过程性幸福的成功观。而《中国年俗》把中国人的过程性审美、过程性幸福展示得淋漓尽致，是地地道道的“中国故事”“中国精神”。

是为序。

（作者为宁夏作协主席，《中国年俗》文字统筹）

目录

CATALOGUE

第一章　忙在腊月　001

腊八粥——开启年的序幕　003
腊鼓——唤醒沉睡的大地　011
年画——渐渐远去的记忆　015
赶大集——跨越边境的忙年　021
花市——让春天走进家门　025
祭灶——一场与“家神”的对话　031
理发——有钱没钱，剃头过年　037
窗花——剪刀开合间的新春祝福　043
水仙花——清香的年味　049
杀年猪——热气腾腾的忙年　053
打糍粑——土家儿女记忆中的年味　059
花馍——“母亲的艺术”传承千载　063

第二章　守在三十　069

春节祭祖——最神圣的仪式　071
春联——最吉祥的文字　075
饺子——最浓的年味　079
围炉——最火热的年夜饭　083
年糕——最糯的甜蜜　087
炉馍馍——最灿烂的西北美食　091
大理白族——最清香的年味　095
烟花爆竹——最热烈的新春序曲　099

第三章　聚在初一　103

拜大年——最浓烈的新春祝福　105
落下闳——中国的春节老人　109
抢头香——拔得头筹，祈盼幸福　113
抢鲜水——勤劳圣洁的民族习俗　117
素饺子——肃静的新年第一餐　121
黄粿——祈盼新年五谷丰登　125
打糕——长白山下的年味　129

第四章 乐在初二 133

姑爷节——一碗打卤面中的亲情 135

回娘家——水上人家的古老风俗 139

回门——新女婿最“大” 143

吃春酒——记忆中妈妈的味道 147

土族过年——幸福的回家路 151

畲族过年——彩带编出七彩梦想 155

第五章 玩在正月 159

庙会——新春快乐集散地 161

风车——转出来的好运 165

布老虎——百兽之王也萌宠 169

送年礼——一碗和菜睦邻里 175

破五——迎神纳福的好日子 179

年戏——家乡的古老唱腔 183

舞龙灯——红红火火闹正月 189

斗鼓——黄土地上春雷响 193

秧歌——扭出来的红火 197

傩舞——古老而神秘的祈福仪式 201

鼓藏肉——十三年一见的节日菜肴 205

拴腿面——拴住幸福，拴住平安 209

祭天公——感谢大自然的恩赐 213

社火——快乐闹红火 217

老鼠嫁女——动物的喜事、民间的乐事 221

汤圆——元宵庆团圆 225

宫灯——通宵长明、人丁兴旺 229

冰灯——精雕细琢的童话世界 233

点旺火——越烧越旺的新年祝福 237

舞龙灯——三百米长龙闹元宵 241

第一章

忙在腊月

岁末十二月，称为“腊月”。记忆里，腊月总是匆忙的。陶渊明曾说：“羁鸟恋旧林，池鱼思故渊。”中国人的默契大抵是在辛劳一年后，无论多远，都要挤上最后一趟回家的火车。千万游子的心里，绷紧着的最后一根弦凝成两个字——“回家”。“回家，回家过年。”

当游子在忙着赶车的时候，家里人也在为酝酿一场盛大的年，忙碌起来。提到腊月，最先想到的就是那一碗醇香的“腊八粥”。喝了这碗粥，人们便开始忙碌了起来，春节便由此拉开了序幕。河南濮阳的人们打起腊鼓，唤醒了沉睡的大地，摩拳擦掌想要过一个热闹富足的新年。青岛的李家大集和广西凭祥的集上人来人往，中国年画“北杨南桃”，一笔一笔刻画的人物栩栩生姿。广州的人们也走进花市，选几株年花，称几分心愿。一缕清香，在忙碌的腊月，萦绕出婀娜多姿的中国年俗。

忙在腊月，步履不停的是一直在追寻美好生活的中国人民，岁岁年年不曾改变的是团聚的心愿。朴实的劳动，在腊月里也闪烁着东方独有的光彩。

腊八粥

开启年的序幕

地点

北京市 / 浙江省杭州市

对于中国人来说，年是一个最重要的节日。几千年来，人们在这个日子里合家团聚，除旧迎新。按照中国的习俗，过了腊八就算是进了年了。就像一首童谣里唱的那样："小孩儿小孩儿你别馋，过了腊八就是年"。腊八这天，人们做的许多食物都会用"腊八"命名，像"腊八蒜""腊八粥"等等，也就是从这一天开始，年的味道一点点浓了起来。

"腊八家家煮粥多"，说起腊八，很多人的记忆里最深刻的莫过于那一碗香甜料足的腊八粥。中国人的年就从这浓浓的一碗粥开始了。喝过这碗粥，人们就要开始忙碌起来，春节也由此拉开了序幕。

今年 45 岁的何亮是在四合院里土生土长的北京人。街里街坊的热络，承载了数百年历史的建筑，古朴井然的市井生活，让他耳濡目染了很多传统。虽然现在何亮已经搬进了楼房，但他依旧遵循

腊八一早熬粥

老礼儿，在腊八这天，一大早起来为家人煮上一锅“腊八粥”。

何亮在熬粥的时候，一般情况下必须要放的是白芸豆、红芸豆、莲子、红枣、红小豆，另外还要加上花生米、粳米、紫米、糯米、糙米几种米。何亮说：“料放得越多，寓意着家里日子过得越红火，来年生活就会更好。”这些杂而多的熬粥原料，稍带古板却又充满诚挚的思想，恰恰承载了从古至今几百年乃至几千年来中国人民最朴素的愿望。

最早的腊八粥，用料简单，随着时代

白芸豆

红枣

核桃仁

花生

杏仁

糯米

紫米

的发展，人们的生活越过越好，熬粥的材料越来越讲究，腊八粥的种类也越来越丰富。地域不同，物候不同，习俗不同，饮食习惯也不同。各地的人们会根据当地的传统习俗和自然条件选取不同的食材，熬制属于他们自己的“腊八粥”。像在陕北地区，人们会往腊八粥里加肉，而在甘肃，则会放入青菜。南方的很多地区在腊八那一天并不喝粥，而是要吃“腊八饭”。尽管各地风俗不同，但是，希望丰收、祈福纳祥的寓意是相同的，对新年的盼望是共通的。

人们一般在腊月初七的晚上就开始熬粥了。经过一夜的慢火细熬，初八一早，一锅香糯可口的腊八粥就熬好了。熬好的腊八粥，

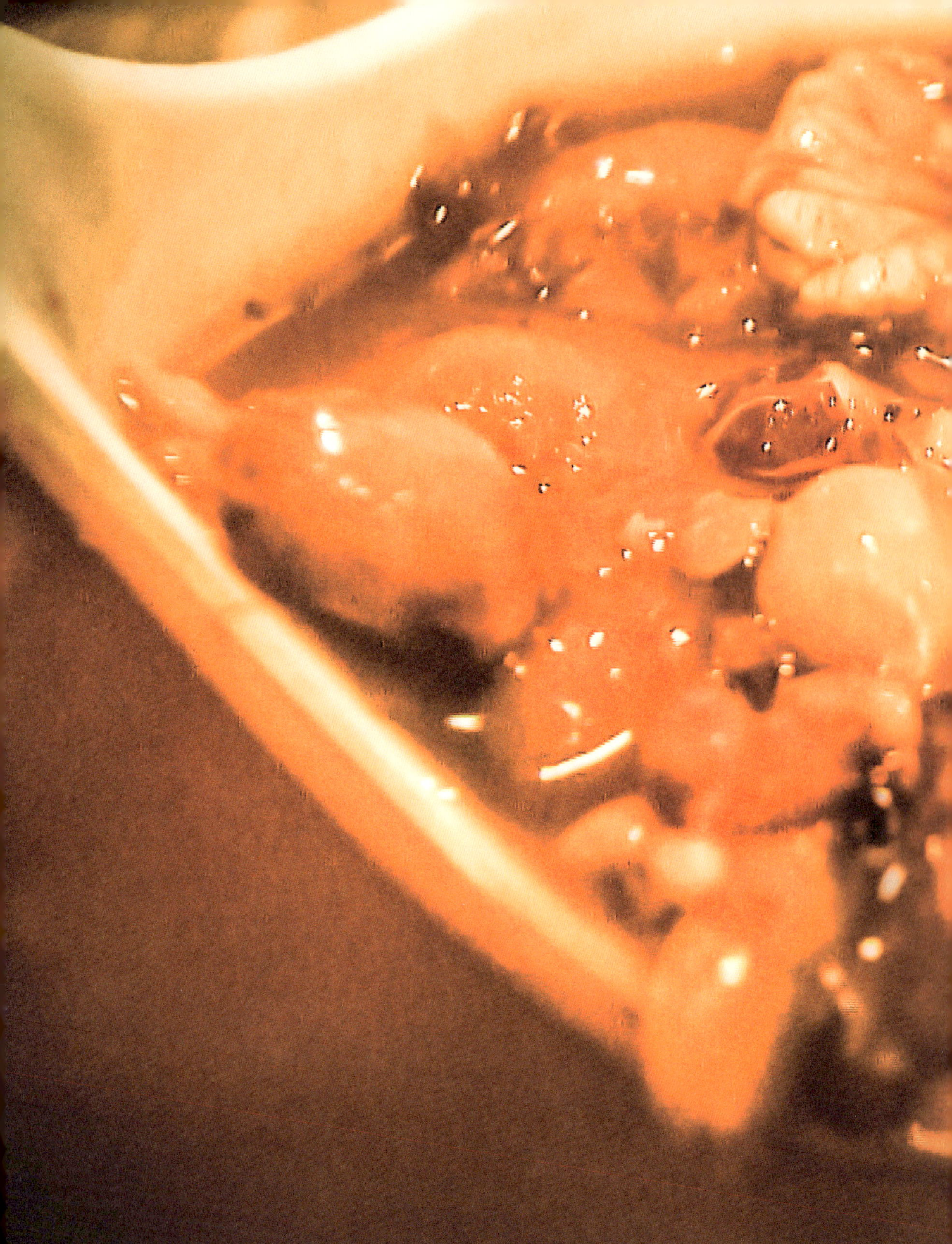

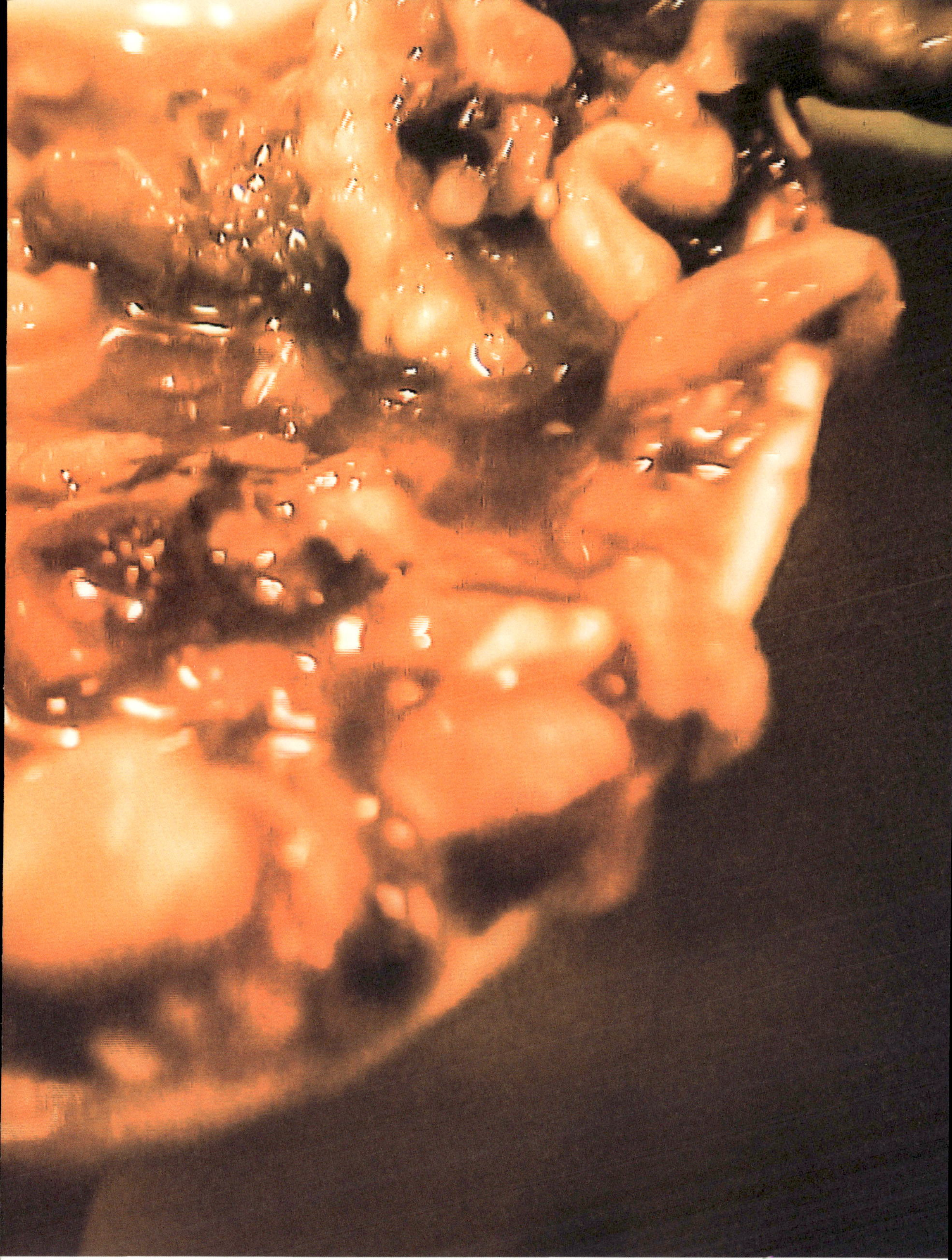

首先要用来敬神祭祖，有的人家还会把它涂抹到自家的磨盘和果树上，以祈求来年五谷丰登。如果在腊八当天，自家的粥没有吃完，也是个好兆头，因为这意味着年年有余。

何亮小的时候，家里并不富裕，能在寒冷冬日里喝上一碗香甜的腊八粥，是他童年里最温暖和幸福的记忆。如今物质生活丰富了，腊八粥早已不再是何亮记忆里的奢侈品了，但他依然会在腊八这天，在家中熬一锅香甜的腊八粥与家人分享。稷稻菽麦，团团圆圆，细熬慢煮，长长久久。或许他熬的早就不是那一碗粥了，他熬的是年年岁岁里对岁月的敬意，是寒冬腊月里对家人平安、幸福的企盼。

还有一些人，虽然不在自己家里熬粥，却依然可以享用到这温暖的味道，因为这一天很多寺庙都会向公众施粥。

今年的腊八这天，杭州下起了蒙蒙细雨，但是到灵隐寺领腊八

灵隐寺施腊八粥

粥的人仍然络绎不绝。“僧粥晓分惊腊日”，很多信众每年都在这一天不远千里，为了讨个吉利，奔“粥”而来。他们有的祈愿来年身体健康，有的给家里的老人小孩也带上一份，给他们带去一份吉祥。人群中熙熙攘攘，嘈杂得紧，但是那一颗颗虔诚的心仿佛撞到了什么东西上，风风韵韵，玲珑清响。

灵隐寺施腊八粥已经很多年了，这是几千年来的一个传统。现在灵隐寺僧人们给它赋予了新的内涵——“施腊八粥作为岁末年初，向大众送温暖、送吉祥的过程，也作为我们宗教界，特别是佛教界，向大家祈福、祝福的过程。”

“腊月八日粥，传自梵王国，七宝美调和，五味香糁入。”腊八粥的起源与佛教有关。相传释迦牟尼当年曾苦修六年，之后身体虚弱不堪，后来遇到一位好心的牧牛女熬了乳糜来供养他，使得释迦牟尼的体力得以恢复，并在腊月初八这天悟道成佛。为了纪念他成佛的日子，各地的佛教寺院会在这一天举行法会，用香谷和果实等食材煮粥供佛，并散发给人们食用。人们认为吃了这样的粥可以得到佛陀的保佑，年复一年，去寺院喝腊八粥的传统便流传了下来。

现在，中国的很多寺院都会在腊八这一天施粥，北京的雍和宫，杭州的永福寺、香积寺都会举行这样的活动。今年，灵隐寺不仅在庙里施粥，还把一部分粥送到了学校、儿童福利院和养老院。“腊月风和意已春，时因散策过吾邻。”世态人情暖，悠悠腊八香。

“今朝佛粥交相馈，更觉江村节物新。”腊月里的一碗粥温暖了人心，它带着美好的祝福走进千家万户，也让寒风里的腊月露出一丝春天的暖意。

今天的腊八粥，香气氤氲着家的温暖，甜蜜里满载儿时的记忆，即便在寒冬腊月却酝酿着筹备春节的欢喜，黏腻可口中尽是太平盛世，国泰民安。

岁末寒冬催喧喜，五谷粟米，九类新豆，黏黏蜜蜜，遂待新年到，年年新欢喜。

腊鼓——唤醒沉睡的大地

地点

河南省濮阳市

“岁十二月，合聚万物而索飨之也。”每年的农历十二月初八是腊八节，俗称“腊八”。

“腊”在中国古人的解释中，有新旧交替的含义。早在秦朝，便有了对腊祭的记载。在腊月里，为了感恩一年来祖先及神灵的庇佑，祈祷来年风调雨顺，人们会专门举行祭祀活动。

腊月初八是祭祀祖先和神灵、祈求丰收和吉祥的日子。早在先秦时期，就有了打腊鼓的习俗。古谚有云：“腊鼓鸣，春草生。”腊鼓，击鼓驱疫；腊鼓，击鼓催春。带有岁月斑驳痕迹的大鼓，绿芽新生的春草，随着“咚”的一声，便有了故事，随着“咚”的一声，春天便拉开了帷幕。“寒塘敛暮雪，腊鼓迎春早。”古人常于腊日或腊前一日击鼓驱疫。腊鼓声声，也是岁末春

搬出尘封了一年的皮鼓

来的讯息。今天，中国的江西、河南、安徽、湖南等地依然保留着这种传统。陕西的安塞腰鼓，气势磅礴，浑厚雄壮。湖南的古村落阳雀坡，历经岁月变迁，每逢腊月初八，腊鼓声动，游客满园。“岂为催化频击鼓，团銮尽是太平声。”流行于北京、河北、东三省一带的太平鼓，边打边唱，有歌有舞有鼓，欢快热烈。

历史之久远不可追溯，传统文化之瑰宝却代代相传。

腊月初八这一天，在河南濮阳的西郭村，老人们取出尘封了一年的皮鼓。这些皮鼓一年中只会在这一天使用一次。村民们要打腊八鼓来过节，庆祝迎接新年的第一个日子。这天，他们将鼓搬到庙里，祭拜天地，庆祝当年的大丰收。

“你看，这鼓，多少年的鼓了！我们每次去敲鼓的时候，都带着这副鼓！”

西郭村村民杨丁安抱着那副鼓解释说。鼓身的红漆已经剥落了不少，鼓皮上也沾染了岁月的颜色。陈旧的鼓，透露着年年的丰收愿望，承载着习俗的延绵传续。

和几位老人站在一起，村民杨丁安看上去很年轻。对他来说，每年一次的打腊鼓，是村里铁打不动的规矩。杨丁安从小看着爷爷打腊鼓长大。在他的记忆中，敲响了腊鼓，就意味着春节的到来。“过腊八，年年发，鼓声响，银子长，每年都穿新衣裳。”杨丁安记得，在很早以前，这是儿童在玩耍的时候唱起来的歌谣。后来大人们为了图个吉祥，为了祈求来年风调雨顺，五谷丰登，就有了敲腊鼓的仪式。敲一敲腊八鼓，敲起鼓，打起锣，祝愿下一年有个很好的收成。农家人，农事便是顶天的大事了。腊鼓声声，敲出的是农家人的盼望。

腊八节，是过年迎新春的第一个节日。濮阳西郭村里有这样一首歌谣：“过腊八，腊八祭灶，新春来到。姑娘们插花，小伙子放炮。”农俗风味厚，配鼓展新骄。每年过腊八的时候就开始有迎新春的气氛了。

西郭村的村民们集会于寺庙之中，“村人并击细腰鼓，戴胡头，及作金

穿戴金刚力士服

刚力士以逐疫”，那些古文描绘的大概就是当前这幅画面。老人们身穿金刚力士服，手捧锣鼓，愈显老当益壮。

香烟袅袅腊鼓响，诚希穗穗庄稼长。且喧青云贺新岁，老骥伏枥，满面红光。

“敲起腊八鼓，祭天祭地祭神灵！一拜天地，保佑健康……”锣鼓喧天，鼓声响起，秧歌开扭，屏扇转合。阳刚与柔美，浑厚与轻巧，淳朴的民俗美意，生动的年味写生。除了对神灵、祖先的敬意外，人们认为通过敲鼓鸣唱，能够祛除瘟疫，驱除鬼怪。于是打腊鼓的习俗就这样一代代流传了下来。

红鼓起兮除旧去，欢声笑语迎新来。历百余年，农业发达的帝丘，在腊八这一天锣鼓轰鸣，喧闹齐天。在这人潮拥挤的寺庙里，在古老广袤的中华大地上，每当腊鼓响起，生活在这片土地上的人们都相信自己的心愿一定能够实现。

腊鼓鸣，春草生。这震天的鼓声，也会唤醒沉睡一冬的生灵，共同迎接春天的到来。

运着的是腊鼓，承载的是希望

年画——渐渐远去的记忆

地点

天津市/江苏省苏州市

腊八过后，人们就要开始置办年货，准备过年。而在其中，年画仿佛一面鲜艳的旗帜，无声却醒目地提醒着人们春节的到来。

年画起源于门神画。在汉代，人们把两位神将——神荼和郁垒的像刻在桃木板上，用来驱除恶魔，祈求平安。到了唐朝，门神画的主角发生了变化。相传，唐太宗李世民夜里经常梦到鬼怪呼号，无法安睡，他手下的武将秦琼和尉迟恭便一个持锏，一个拿鞭，彻夜守在大殿外门。李世民从此可以安然入睡，但是他不忍心一直辛苦两位大将，便派画师画下了两人的肖像贴在殿门上。后来老百姓纷纷效仿，这两位唐朝将军就成了民间的门神。

脱胎于门神画的年画承袭了百姓对于“家宅平安”的期许，并如它的别称——“喜画”所言，衍生出更多关于生活的吉祥祈盼。在中国人看来，过年是许下心愿祈祷未来的时刻，因而人们想要什么，年画里便会画什么。这

杨柳青年画《连年有余》局部

种直接的形式不仅是生活的艺术，更展现了百姓积极的生活态度。不识字的老妪或许读不懂“千门万户曈曈日”的喜悦，却会通过张贴自己精心挑选的年画表达对来年的愿望，而这便是年画存在的意义之一。

位于天津京杭大运河畔的杨柳青，这时便进入了一年中最繁忙的季节。这座宁静安逸的古朴小镇，自明崇祯时起便因木版年画有了别样的色彩。

作为杨柳青木版年画的非遗传承人，62 岁的天津市民霍启顺对于这种传统的艺术形式再熟悉不过了。他看向桌子上那幅杨柳青年画的代表作《连年有余》，把其中的内涵娓娓道来：“这幅《连

年画的上墨印刷

印年画的工具——墨包

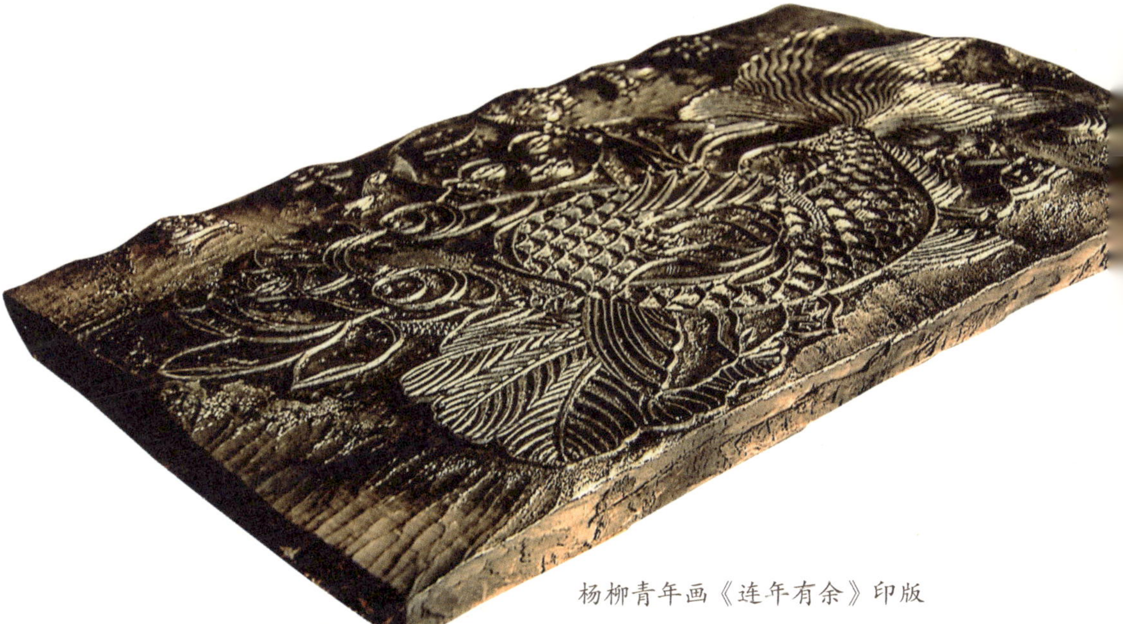

杨柳青年画《连年有余》印版

杨柳青年画——秦琼

年有余》，用莲花代表‘连’字，用这条大鱼代表富余的‘余’。另外，这幅年画有一个孩童，若家庭里面需要一个小男孩，就画个男孩，需要个女孩就画个女孩。男女可以从头部的小辫来分：带小辫的就代表是男孩；扎鬏戴花，就是女孩的象征。这幅年画寓意很深。”

老人讲起关于年画最温馨的记忆，是小时候给左邻右舍送年画的那一幕：在爆竹声中与姐姐们敲响邻居的房门，站在红红的“吊钱”下送上父亲画好的年画。贴上年画的屋子顿时洋溢出新春的气氛，年的味道立刻被渲染得浓郁、香甜。

杨柳青年画——尉迟恭

半个多世纪过去，霍庆顺已经接替了父亲的角色，杨柳青木版年画的故事仍然在他手中流淌。他希望杨柳青年画的艺术，在霍家可以世代传承。

在中国的年画界，有着“北杨南桃”的说法。“北杨”是杨柳青，而“南桃”则是指苏州的桃花坞。如果说杨柳青年画有鲜明的乡土风情，那么桃花坞年画则更具有城市文人画的气息。

桃花坞年画源于宋代的雕版印刷工艺，在明代金陵版画和徽派版画基础上，由绣像图演变而来。同杨柳青年画一样，桃花坞年画在清代中晚期达到鼎盛，民间有着“姑苏版”的别称。至今它已有400多年的历史。明末，苏州桃花坞木刻年画曾盛行江南，甚至远渡重洋，对日本“浮世绘”也产生了相当的影响。

桃花坞年画社已经八十高龄的房志达老先生，仍在坚持用传统的手工方法制作年画。他笔下桃花坞年画的代表作《一团和气》被苏州博物馆收藏。14岁时，他经人介绍，进入桃花坞的一家年画老字号做学徒，就此与年画结缘，开始同油墨、木料为伴。如此便是60多年。在他的记忆里，每到腊月，摊贩们不仅在集市上设摊销售年画，还会游走于乡间，边唱边卖。他们以丰富多变的曲调和唱词，讲述着年画的内容，吸引着来往的行人停驻，挑选一份新春独属的吉祥色彩。那几声熟悉的吆喝，穿越岁月长河，至今仍会在他耳边响起。

如今，手工印制上色的木刻年画几乎被工业印刷品及其他装饰物取代。但作为中国年的符号，年画有着更为深刻的文化内涵和精神意义，其中代表的那一份对于生活含蓄而积极的热情，以及对幸福最质朴的期许，会是人们永久而美好的传承。

桃花坞年画代表作《一团和气》

赶大集——跨越边境的忙年

地点

广西壮族自治区凭祥市

早在宋代，中国和越南就形成了互市贸易。当时的凭祥就是主要的边境贸易口岸。明清时期，与越南的边境贸易逐渐发展扩大，中越贸易愈发繁荣。然而，19 世纪中后期，越南就陷入了殖民地时期，中国也逐渐走向了反帝反封建的动荡时期。在此期间，中越的贸易断断续续。直到 1991 年，中越两国政治外交逐渐恢复，贸易往来才稳定并逐渐频繁起来，仿佛各自浴火重生，涅槃归来。

现在的广西凭祥，贸易数量之大，交易往来之喧腾是以前难以想象的。这里是中越边境最大的边贸口岸，因此每天都会有几百辆装满水果的越南货车通过口岸进入中国，来到口岸旁一个绵延几百米的水果市场。

又是一年年集采购期，这里，每个摊位面前都摩肩接踵。春节前，正是越南的龙眼和西瓜成熟的时候，很多人都会来到这里采购过年的水果。大宗

越南的水果——红毛丹、橘子、西瓜

的贸易都是在水果交易站完成的。这里每天都会云集着上千名来自中国各地的客商。他们赶来奔赴最热闹的边境年集，为这一年最后一波水果生意旺季备货。

河南郑州的李春宇是一位水果商人，他已经连续几十年来到这里批发水果了。由于春节临近，生意越发红火，他计划着再采购十几车水果回去。“火龙果、龙眼和西瓜这三种，是为过年准备的。春节货量大，供不应求！”

愈近新年谋生计，商贾游离，预赋上日，安聚喜乐。

这样火爆的场面从进入腊月开始，会一直延续到大年三十。来自越南的新鲜水果，用不了几天就会摆上全国各地的春节餐桌，为新年增添一抹浓浓的春色。

中国青睐越南的水果，而越南则喜欢来自中国的年货。新年的临近，年货采购变得更加刻不容缓，腊月里的中越年货一条街显得格外热闹。

地理位置的接壤，百千年来历史文化的交融碰撞，使得越南和中国的文化有许多共通之处。越南和中国一样，是使用农历的国家，春节，也是越南最大最热闹的传统节日。越南人一般是从农历十二月中旬开始置办年货，准备过年。和中国人过年的习俗十分相似，他们也会在家里贴对联，挂福字，

中国年货——挂饰

吃年糕，放鞭炮。

由于中国的年货市场种类丰富，物品齐全，很多生活在边境的越南人，会在春节前到中国采购年货。越南居民阿梅就是其中一员。阿梅经常会和好朋友结伴来到这里，平时爱买衣服和一些日用产品，现在新年快要到了，她买了一些水果、糖果带回去给家人亲戚吃。她还买了春联、灯笼等装饰品，给家里增添过年的气氛。

在年货市场上，除了最受欢迎的服装和糖果之外，受到中国年俗文化的影响，越南人对富有美好寓意的物品也比较感兴趣。代表“顺顺利利”的梨和象征“团团圆圆”的橙子，以及寓意“平安”的苹果等，这些带有寓意的

中国年货——糖果

中国年货——春联

水果是他们选购的重点。无论哪一个国家，哪一个民族，团圆和平安都是一个家庭中最盼望的事情吧！

在这条喧嚣的街上，不仅仅有来自中国的年货，来自越南的年货也门市琳琅。其中咖啡、果脯和工艺品是最受国人欢迎的。黄彩姚经营一家越南特产店已经6年了，每年春节前的半个多月，都是生意最好的时候。“来做生意的外地人多，走到这里，总喜欢带点越南的特产回去给家乡的亲戚、朋友。”

随着全球化的发展，世界的交流越来越密切，文化也逐渐相交、融合。中越两国的经济贸易往来使得彼此之间的新年增添了更多的风情。春节作为传续了几千年的中华文化瑰宝，具有隽永的魅力和强大的感染力。而这个跨越了边境的忙年，更是红红火火，浓墨重彩。

同样的习俗、相同的爱好，中国传统的春节已经跨越了国界，成为中越两国人民的共同节日。

花市——让春天走进家门

地点

广东省广州市

“花”作为传统文化重要的组成部分，一直以来以独特的姿态穿梭在中国思想文化以及时节习俗之中，被赋予了人格化的寓意，影响着人们的精神世界。在人们心中，花总是象征着美好与生机，在春节这样的重大节日，民俗活动更是少不了它的参与。在北方，因为天气寒冷，大多是用春联、年画以及窗花来装点春意，而南方人则是到花街看花、买花，把绿色的春天迎进家门。花市也应运而生，在历史的长河中承载着人们的祈愿，焕发出了别样的生机与光彩。

在南方，很多地方都有逛花市的习俗，尤其是被称为“花城”的广州，过年期间自然离不开花。早在唐朝的时候广州就有花市出现，到了明清时期，已经初具规模。屈大均的《东新语》中曾提到明代广州的花市。当时广州河南 33 乡的百姓，多半是以种花为生的花农。他们从河的南岸到北岸来卖花，

广州市民一早来到花市挑选鲜花

就从五仙门附近的码头，也就是后人所称道的“花陟头”登岸。

如今广州的花市历经千年，传统依旧。大规模除夕花市始于1920年，随着人民生活水平的逐年提高，广州花市的规模越来越庞大，目前已形成了越秀、天河、荔湾、白云等区的“十大花市”。每到年前的时候，被称为荔湾花市

的地方就花铺数里，人潮涌动。

逛花市是时节民俗，更是人们自小便刻在心里的幸福印象。为了迎接春节的到来，广州市民们大多一早就来到了花市，挑选鲜花，装点居室。

“一般我们都先给家里打扫卫生，然后再逛逛花市，买个年花回去装点

广州花市街景

逛花市的人潮

一下。”广州市民刘活回忆起儿时，感慨着花市的发展，“我小的时候，跟爸妈逛街，就买一盆金橘和小小的兰花，没有现在这么多鲜艳的花。现在的花比以前漂亮了许多呢！”

家家户户盛开的鲜花象征着花开富贵，而挂满果实的金橘则代表着吉祥如意。在当地人看来，年花是过年必备的，金橘同样是必不可少的。广州人过年一定要买盆金橘，因为在粤语中，金橘与“吉利”谐音，寓意招财进宝、金玉满堂。一家人高高兴兴买回去，再挂上一个个红包，图的就是红红火火、财源滚滚。

“金橘除了过年作观赏之外，还会增加节日的气氛。元宵节后很多家里年花都要撤了，我们就会将橘子摘下来腌制，当零食吃，有化痰止咳的作用。橘子摘完之后，橘子树就当作一个盆景摆放。”

在广州市民罗若瑜的回忆

寓意大吉大利的金橘

花市买金橘

中，金橘除了大吉大利的寓意之外，还承载着一份蜜饯的香甜，回味隽永、满心欢喜，橘子树的盆景也带着过年时的合家欢乐继续为家里增添生机。

广州花市的长盛不衰，在于市民不变的情怀，如今随着生活水平的提高，花市也变得更加繁华多样，但其蕴含的美满意象却从未改变。各色鲜花富有美意，令人目不暇接，而不同的花在广州的习俗里寓意也各不相同。“灼灼其华”的桃花寓意“大展宏图”；具有“花坛盟主”之称的山区贵客吊钟花表示“金钟一响，黄金万两”；不同颜色的蝴蝶兰分别代表着“蒸蒸日上”“红运当头”“幸福美满”。可以肯定的是，不论是“独立人间第一香”的牡丹，还是“满城尽带黄金甲”的各色名菊，花儿都象征着人们对新一年的美好期许。

广州市荔湾区文管所所长黄勇被姹紫嫣红的一盆盆鲜花围绕着，言语间无不流露出对花市文化的自豪：“广州人热爱花主要有两点，第一个是广州人热爱自然、热爱生活，人们希望在春天，把一些花花草草放到家中，把自己的家装点得跟大自然更接近一点；第二个，广州人那么喜欢花，就是

“金钟一响，黄金万两”的吊钟花

要图个吉利，买桃花就是要行桃花运，买金橘就是要大吉大利！还有很多很多的花，都有各种各样的花语，这些是跟广州地地道道的民俗文化联系在一起的。”

一排排灯笼下的十里花街，花颜的灿烂与人们的喜气相辉映，可见“花市灯如昼”的繁荣盛景。广州人爱逛花市、爱买花，不仅仅是因为过年图个吉利，更是出于对生活的无限热爱。

旖旎春如锦，看花人更红。这一盆盆盛开的花朵，承载的不仅是人们对美好生活的孜孜追求，更是对即将到来的春天的殷殷期盼。

祭灶——一场与『家神』的对话

地点

河南省濮阳市

“二十三，祭灶关”，腊月二十三是春节的序曲，此时，大街小巷已经开始洋溢着喜气和年味儿。这一天是民间过“小年”的日子，同时也是祭祀灶神的日子。

祭灶的风俗沿袭已久，早在2000多年前的周代，祭灶就已经成为百姓生活中必不可少的一项活动。郑玄注《礼记·记法》中说：“（灶神）居人间，司察小过，作谴告者也。”据此可知，在春秋时期，灶神就有监察百姓过错并进行上报的职能了。关于灶王爷的由来，已经无从考证，《礼记·礼器》载：“颛顼氏有子曰黎，为祝融，祀为灶神。”又有说法称灶王爷是钻木取火的燧人氏，又或说灶神姓张，名单，字子郭。虽然说法各异，但在民间，人们对祭灶一直十分虔诚。

在河南濮阳的王海村，王琦生和他的老伴正在为祭灶忙碌着。由于孩子

濮阳街景

灶糖

们都在城里上班，平常不回来，今年的祭灶就只有老两口自己完成。在他们看来，过年的仪式不能有半点马虎，一切的准备都要遵循过去的传统。“这传统是多少年来，祖祖辈辈一代代传下来的。我小时候的祭灶，大人都按这种方法祭：插马，点蜡，给灶王爷准备供品。这是一个枣山，枣山下面一个喜鹊，喜鹊登枝，步步登高，是喜庆的意思。”热气腾腾的花糕出炉，顿时就有了喜气洋洋的氛围，老人的脸上也是满面红光。对下一年的期盼呀，可都承载在这热烈而又庄重的祭灶里呢！

灶王爷虽然在神谱中没什么地位，可是在百姓的心目中，他是离自家生活最亲近的神。作为以家庭为单位的神灵，他承载着家的

祭灶的供品

枣山

意义，庇佑着家人安康，是民间的“偶像”。

民谚曰：“二十三，灶君老爷要上天。”灶王爷的职责是监察人们一年的善恶，到了腊月二十三这一天，他就要回天庭向玉皇大帝禀报这家人的善恶。玉帝也是根据灶神的密报，决定这家人在新一年里应得到的吉凶祸福。因此，为了让灶王爷上天时能多说些好话，给家人带回更多福气，祭灶时，人们会在桌案上供放许多食物。其中，必不可少的就是“灶糖”。

祭灶糖也是仪式中对美好生活的一个祈愿。王琦生说：“祭灶糖就是抠一点糖给灶神爷嘴上抹上，粘住

他的嘴，叫老灶爷到天宫去，多说好话，说这一家如何行善，如何和睦邻里，年轻人如何孝敬老人。”陈旧的老房子里烛光闪烁，梁盼荣揪下一小块灶糖粘在了灶爷画像上，祈求灶爷多言善句，祈盼来年生活如蜜。

祭完灶糖就是最后的祭祀仪式了。在祭祀灶王爷的仪式上，老人们一直遵循传统。他们一边烧掉灶王爷的画像和老两口精心扎好的“小马”，一边撒下一把稻草。火星由肆意飞舞到逐渐黯淡，祭祀的仪式就算是结束了。

老人在院里扎草马

家中的“保护神”离开之后，“年关”就到了。年关是指农历年底，当地人相互借贷，无论借的是粮食还是钱，约定俗成到二十三那天必须清偿债务，过年对于这些负债的人来说就像“过关”一样，所以称为年关。

在王琦生的记忆里，过去，还不清欠债的人在祭灶之后就要出去躲“年关”，等到大年三十的晚上，家里贴上春联后才敢回家。因为按照民间的习俗，一旦家家户户贴上了春联，外人就不可以随便进入自家家门了。因此，很多地方都流传着“要命的祭灶，救命的春联”的说法。如今社会的发展让人们

的生活过得更好了，“躲年关”这种情况很少见了，现在的人们祭灶，更多是为了祈福和祝愿。祈祷来年五谷丰登，祝愿一家人团团圆圆。

其实，百姓对于灶神的敬意是有迹可循的。华夏文明是在农耕文化的孕育下产生的，“仓廪实而知礼节，衣食足而知荣辱”，人们对于食物的欲望是最基础和原始的。我们的祖先在蛮荒之地，筚路蓝缕历尽艰辛，苦苦寻求生存的空间。从刀耕火种到铁犁牛耕，原始社会里的中国，每一步的前进都离不开食物生产的发展，食物的重要性不言而喻，对于灶神的崇敬感也就油然而生。

五谷丰登的愿望朴实而真诚，“卜日家祭灶，牲肥酒香清”，一箪一食里盈满了中国“勤俭持家”的美德。祭灶，是与家神的絮絮耳语，是灶台上一抹祭祀的甜甘，更是中国人民勤劳本质的彰显。

北京师范大学文学院的教授萧放说：“祭祀以后，把灶神送上天了，人间就没有神来管，就比较自由，百无禁忌，可以做个人的一些身体卫生清洁，让我们有一个新的面貌来迎接新年。”

“岁时风俗相传久，祭灶扫尘迎小年。”摆祭灶，门柴喧，盼福安，家神归天，清垢扫尘迎新年。

理发——有钱没钱，剃头过年

地点
北京市

“二十三，祭罢灶，小孩拍手哈哈笑。再过五六天，大年就来到。”祭灶完成，过年的序幕就逐渐拉开了，人们家里的繁重活儿已经基本完成，清洁个人卫生的事宜也开始提上日程。

“腊月起，说礼仪，剃头过年事第一”。年根岁末，个人的清洁行为是老传统中一道必需的仪式，而剃头更是清洁要事之首。因此腊月里，大大小小的理发店都会爆满。

关于剃头，各地风俗各异，像江南地区讲究“二十六，剃年头”，河南则是“二十七，剃精细；二十八，剃傻瓜”，而土家族是“二十八，剃邋遢”。不管是哪天，只要赶在年三十之前剪个清爽的发型，就算是完成了一件大事。如果赶不上这两天，可就要等到二月二龙抬头才能剪头了。

为什么一定要赶在年三十之前剃头呢？其实有两个原因。一是老百姓心

传统理发工具

传统理发工具“唤头”

里朴素的愿望，希望在新的一年，除旧迎新，剃个头，干干净净，清清爽爽地迎接新的挑战。过年的仪式感，发型是重要担当。二是因为农村里有“正月剃头死舅舅”的说法，但这其实是一个误传。在明清朝代更替的时候，满族入关，强迫汉人剃头留辫子，倘若违抗就格杀勿论。后来的人们一剃头就会想到汉人对明朝的“思旧”之情。久而久之，“思旧”讹传成“死舅”，才逐渐有了这种“正月剃头死舅舅”的怪异说法。虽然这是一个误传，但是人们依旧沿袭了这种习俗，在正月里很少理发。

春节临近，在北京的一家老字号理发店，一家三口，妻子陪着丈夫和儿子来剃了个利利索索的板寸。“新年嘛，讨一个好彩头，年前带着老公和儿子一起把头剃得精精神神的，这样有一个好的精神面貌过个年。”

刘清池，是这家老字号理发店的经理兼理发师，他从事理发行业已经有30多年了。由于手艺好，客人多，生意越做越大，一度同时经营着好几家理发店。生意的兴隆虽然让经济条件变好了，但是刘清池却觉得自己并不快乐。后来他发现，只有剃板寸时，他才能乐在其中，于是就关掉了其他的几家分店，专心经营这家传统理发店。

刘师傅之所以对剃板寸情有独钟，是源于他儿时快乐的回忆。

“老匠人挑着个担子走街串巷，手拿剃刀，玩的是真活。手里面拎着个‘唤头’，摩擦发出声音。当这小胡同里面满飘着唤头声儿的时候，这年可就快到了。小孩儿往板凳上一坐，理个发，剃剃晦气！理完还要在胡同里跑，得显摆显摆。再点个灯笼放个炮，这个年过得可开心了！那叫一个美！”讲起过往的情境，刘师傅神采奕奕。

过年理发，不单单是将头发剃短那么简单，更多的，是人们在追求一种精神状态。中国人在腊月里理发，意在把污垢留在过去，以新的面貌迎接新年，希望新年有好运。此外，中国人还有在新年祭拜天地神灵和祖先的传统，以干净整洁的面貌祭祀，也是在表达尊重和敬意。

到了年底，各家各户，无论男女老少，理发都是必需的。过去人们生活水平不高，有些人不舍得把钱花在理发上面，从年头到年尾都不理发，就等着接近年关的时候才去。理发行业中管这叫作“攒年”。

刘清池说：“我们小时候，理发要票。一个票两毛六，这钱舍不得花，头发就攒着。攒到年根前，不管有钱没钱，都得剃头过年，讨一好彩头，盼一好兆头。”过去求彩头，如今盖新鲜。无论生活富裕与否，在人们的眼中，要过年，头发是必须理的。剃了头便多了三分精神，两分年轻，来年的好运气也有个好的面貌去迎接。

“有钱没钱，剃头过年。”过年图的就是个新年新气象，要的就是个精气神，新的一年，从“头”开始。收拾屋子扫尘、洗澡、理发，由内而外地清理，让家和自身都焕然一新。忙完了清洁工作，这时就可以做些精细的装饰活，贴窗花、贴福字，准备迎接新年的到来。

腊月忙，挑担剃头串户乡，除晦洗尘焕发新。细剪窗花，福贴倒，新年步悄悄。

传统理发——板寸

窗花
——剪刀开合间的新春祝福

地点
山东省高密市

清风洗尘，昔日沉寂的窗柩上多了抹鲜亮的红，在肃静的白雪皑皑中显得十分醒目。人们常念：“腊月，怀念一种花。”

贴窗花，是古老的传统节日习俗。提起窗花，我们常常联想到春节。每到腊月，当窗花贴上窗户，簇簇如泉涌一般的温暖就会充满心间，浓浓的年味儿也就一下子洒满了整间房屋，整个院落。窗花和对联一样，不仅仅是中国文化的元素，更是中国年的重要符号。

追溯历史，早在西汉，纸还没有被发明出来的时候，就已经有了裁剪各种材质的薄片进行装饰的做法。利用镂空、雕刻等手法在金箔和绢帛，甚至树叶上进行创作，再作为装饰品张贴。直到宋元时期，人们将迎接春天贴窗花改为了春节贴窗花，这一习俗才慢慢形成了。

窗花是农耕文化的特色艺术，千百年来的农耕文明发展，也使这种剪纸

高密剪纸有传人

艺术变得愈发出彩。

坐落在山东省的高密市，是中国著名的剪纸之乡。在这里几乎每家每户都会剪纸，人人都怀“技”在身。在当地剪得最好、最有名的，要数范祚信一家。老范今年 70 岁，他从 7 岁就开始学习剪纸，是高密剪纸的国家级非遗传承人。

范祚信从小就处于全家剪纸的氛围中，耳濡目染下自己逐渐传承了技艺，手指翻飞之间，一幅幅惟妙惟肖的风俗剪纸图就从他手里出来了。

窗花属于剪纸艺术中的一种，在中国有 1000 多年的历史。窗花最早可以追溯到汉代，但是高密的窗花却是在明朝才逐渐有了名气。明朝初年，由于战乱，大批移民从山西、河南、河北等地及江南地区迁徙到了高密，逐渐在这里定居。

高密剪纸——窗花

高密剪纸的代表作

全国各地的窗花风格也各有特色。河北地区的剪纸风格浑厚、剪刻结合，山西的剪纸简练雄壮，江南的剪纸清秀细腻。各地的人们集聚到高密，通过互相交流、借鉴与学习，各个地方的剪纸艺术特色逐步渗入了高密剪纸艺术之中。融南糅北，兼收并蓄，从而形成了高密剪纸不拘一格的艺术风格。

在当地，人们过年时不仅仅贴窗花，还会贴门花、墙花，贴在不同的位置表达不同的含义。在过去，人们过年还会在房屋顶棚上贴一张棚花。各式各样的剪纸，在高密人民的生活中，被寄予了美好期望。结婚的时候贴龙凤，龙凤呈祥；结了婚之后期望有孩子，就贴“麒麟送子”，女贴凤，儿贴龙；知天命之年，儿女成人，往后就贴寿的图案。

老范说，高密的窗花，题材广博，戏剧人物、历史传说、花鸟鱼虫、山

窗户上贴好的高密窗花

水风景应有尽有。最常见的是“五谷丰登”“六畜兴旺”“连年有余”等吉祥图案。剪刀开合之间，蕴含寓意的小小图案便活灵活现地出现在纸上。

在过去，人们用手中的剪刀和红纸表达思想，传递祝福，如今这也成为了中国独有的一种艺术表现形式。邓辉是一名工作在城市的普通职员，出于对剪纸的爱好，她还保留着腊月剪窗花的习惯。邓辉认为，传统窗花可以根据个人的新年愿望，随意粘贴内容，但无论怎么变，四季平安、吉祥如意是春节窗花永恒的主题。

为了庆祝今年的春节，邓辉还特意创作了一幅窗花，名字就叫《过年》。不到一平方米的红纸，却把当地从腊月到十五的年俗囊括其中，其精巧可见一斑。

窗花不仅寄托着人们的新年愿望，也是家庭文化的一种体现。过去人们走亲访友、互相拜年，透过看窗花的精巧程度，来访者就知道这家的女人是否心灵手巧。

临近过年了，邓辉忙着用她亲手剪的窗花布置房间。老范也带着他亲自剪的窗花，走进了邮局。随着时代的发展，许多年俗手艺正在被工厂流水线所替代，但是老范还是想把他亲手剪出来的窗花，寄给外地的朋友，传达新年的祝福，留下传统文化的美好记忆。

“粗犷中见清秀，稚拙中藏精巧”是对高密窗花造型的完美概括。粗犷体现的是农人骨子里的朴实，而精巧是粗中藏细里对新年的敬意。高密窗花，简约而又不失精巧，忠于自然却又能冲破常规，畅意淋漓的是对故土的一腔热爱，剪刀开合间是点缀新春的精心。

隆冬岁暮，家家户户的玻璃窗上却喜艳丛生，这窗花，将年味烘托得淋漓尽致。

水仙花——清香的年味

地点
福建省漳州市

春意临门，年是愈发近了。北方人常用窗花去装扮自己的家，营造节日氛围，而在温暖的南方，人们则用鲜花来点缀新年。

水仙，绿裙青带，亭亭于清波之上，超凡脱俗，是寒冬腊月里最优雅的清供。

1000 多年来，水仙在人们眼中始终是高雅、清新脱俗的形象。它腊月里开花，香气宜人，也常常被人们赋予美好的寓意。人们将它与梅花、山茶花、迎春花并列为“雪中四友”，又以素雅之名与兰花、菖蒲、菊花同列为“花中四雅”。人们赞扬它的仪态超俗，为它写诗、作赋、绘画，把它作为“岁朝清供”的年花来装饰新年。

水仙花原是唐朝时从意大利引进的舶来品，后经过近千年的栽培选育才成为中国十大传统名花之一。

福建省的漳州市，素以水仙闻名。清康熙年间，漳州府龙溪县的水仙就开始一枝独秀了。据记载，在500多年前的明朝，在外做官的漳州人张光惠告老还乡，回家的路上看见山溪边有一种清丽的奇花，驻足欣赏，爱不释手，于是便带回家栽种。

漳州水仙花研究院的林晓红院长说："据说张光惠回到家中的那天刚好是大年三十，在一家人围着围炉、举杯祝贺新年吉祥的时候，带回来的水仙花顿时全部开放。香气袭来，水仙花擎着一盏盏金杯，祝福人们吉祥顺利。自此，水仙花就成了漳州人新年必供的年花。"

这个美丽的传说，让漳州人对水仙花更加爱不释手。许多漳州籍的海外

漳州水仙花

福建漳州

雕刻水仙花

游子，更是把水仙花视为一种故乡的记忆和符号，每逢新年将至，都会请家乡的亲友寄去几盆水仙，在水仙花的芳香中追忆家乡的年味儿。

“我们这边有一个传统，每年春节到了，家家都要摆上水仙花。在我们漳州人眼里，如果没有水仙花的装饰，就好像没有过年的感觉。”漳州的翁锡波说。他带着妻子和女儿一起穿梭在漳州最大的花卉市场里，想要在过年之前挑选一盆生机蓬勃的水仙花。

水仙花要在节前买，以等待在新春时节开花。热闹的中国年，遇上自有生机、蓬勃向上的水仙花，别是一番韵味。

因为从小生活在水仙之乡，许多漳州人都有自己动手雕刻水仙的记忆。欣赏水仙盆景，交流雕刻技艺，也成为漳州人春节期间的一种享受。

“水仙花对我们漳州人来说，它已经不仅仅是一种花了，更重要的是代表一种情结。我们从小接触水仙花，随着它一步步成长，逐渐了解，参与到雕刻、培育中，在这个过程当中，慢慢对水仙花产生了感情。水仙，早已融入我们的生活、工作中，成为一种风俗习惯。”讲起水仙花，翁锡波的眼里尽是对岁月的回忆。

一盆盆或自然生长，或精心雕琢的水仙花，让翁锡波家里洋溢着节日的

水仙花

欢乐和浓郁的乡情。“年年岁岁花相似”，岁岁年年福相增。水仙融入漳州人的生活里，淡香萦绕，充盈着漳州人的一生。

隆冬冰沉烈骨凛，万物凋残荒芜生，素兼玉骨，淡香宜人，轻柔隐坚韧，雅傲两边生。它在寒风腊月里来，轻轻柔柔，却不畏惧凛冬，仿佛专程是为人们送福气而来。在春节前后开花，预示着新年吉祥如意，国泰民安。新的一年里，人们殷切的期待，诚挚的祝愿，都随着藏匿在这洁白的蕊心一同绽放。

水仙花开了，清香的年味沁人心脾。

杀年猪——热气腾腾的忙年

地点

黑龙江省牡丹江市

在东北，过年总会和雪联系在一起。位于黑龙江省牡丹江市的雪乡，是中国冬季著名的旅游景点。这里不仅有着童话般的雪景，还有着浓郁的乡村风情。

随着腊月的到来，年味也越来越浓，大街小巷都充满了小孩的笑声，东北地区的人家开始磨刀霍霍向“年猪”，人们用杀年猪的方式来祭拜新的一年。

在过去的狩猎年代里，东北地区过年吃的主要是狍子肉。在张安明的记忆里，过去一进入腊月，村里的人就会上山围猎。跟着猎人进山，是他和小伙伴们在腊月里最期待的事情。“傻狍子傻狍子，猎人们进山打狍子，几乎毫不费力，当猎人停下来的时候，它们就会停下来，懵懵地看着来人，仿佛还搞不清发生了什么事，就被猎人捕获。”

可爱的傻狍子给张安明的童年带来了欢乐，但现在狍子已经被列为国家

东北农家杀年猪

“傻狍子”

级野生保护动物，狍子肉也淡出了人们的餐桌。如今东北忙年，主要是杀年猪，做杀猪菜。

东北有句老话叫作“杀了肥猪好过年”。每到过年，东北人都会把自家养得最肥的猪拉出来宰杀，不仅是为了犒劳过去辛苦的一年，也是想要讨个好彩头，希望来年诸事逢凶化吉，平安顺利。

说到杀猪，这可是东北农家的一件大事，甚至这个时日的热闹程度不亚于过节。在东北，几乎每个村屯里都有擅长杀猪的人。高海涛便是其中的一个。

一进腊月，高海涛就忙得不可开交。因为杀猪手艺好，乡里乡亲都请他到家里帮忙。从前，手艺好的师傅几乎都要排队才请得到，在传统习俗的讲究里，每家处理年猪的时候，都要挑选一个能干的、有经验的“刀把”才能动手。由他们“掌刀”，不仅活做得干净麻利，而且不会浪费猪身上的任何东西，各部分都被收拾得井井有条，各尽其用。猪杀得好，就寓意着来年养猪会很顺利；帮手找体壮有力的，就寓意这家女主人来年能继续喂养出大肥猪来。旧时的人们总对这样一些事寄予期盼，朴实的生活观里，藏着各种对岁月的敬意。

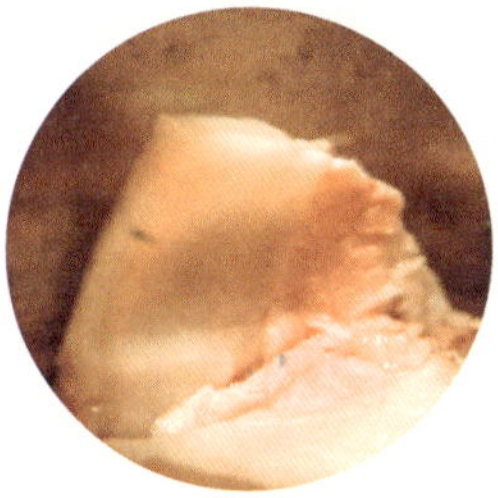

杀猪菜的原材料猪肉、酸菜

东北的冬天粗犷而狂野，午晌袅袅炊烟急，皑皑白雪覆麦田，东北乡村地区人们的生活缓慢而又自在悠闲。杀年猪，是要为过年做充分的准备。由于东北有正月初一到初五不动刀剪的禁忌，所以分完的猪肉除了当天吃掉的，其他大部分都是要放进大缸里冷冻储藏。等到要吃的时候，直接拿出来解冻就可以做菜了。东北地区冬季气候寒冷，猪肉从腊月存放到二月初也不会变质。过完年，就要为春耕生产的大忙季节准备了，辛劳一天，回到家里吃一口杀猪菜，配几根腊肠，可口、朴实、醇厚、自然，农作的烦躁也就一扫而光。

分好了猪肉，高海涛和他的媳妇，会请亲朋好友们到家里来吃杀猪菜，这既是为了联络乡里乡亲的感情，也是为了庆贺新春的到来。

“杀猪的时候，左邻右舍亲朋好友凑到一起，杀完了就吃肉、喝酒。”

雪乡雪景

高海涛边说边大快朵颐。屋外的严寒和室内的热闹形成了鲜明对比，辛劳的一年已经过去，人们喝酒聊天好不快活。

东北地区常被认为是过年最有年味的地方。天气寒冷，过年时家家户户欢聚在一起，坐在炕头上，或掰着玉米棒子，或嗑着瓜子，喜庆祥和，团圆美满，年味溢满了整个冬天。而东北人吃的东北菜，也讲究吃得豪爽，吃得过瘾，吃得喜庆。

一桌地道的宴席，头道便是酸菜氽白肉。透亮爽口的酸菜与五花白肉炖在一起，还未上桌，便香溢满屋。

寒冷的屋外早已是哈气成霜，却阻挡不了屋内亲朋好友聚在一起的意愿，冲不淡人们的喜悦。屋外滴水成冰，屋内灯黄暖亮，碗中的热气给玻璃窗蒙上了一层薄雾，人们的欢声笑语在冰雪中散开。雪花，猪肉，团聚，这一切看起来是这么和谐，幸福美好。

“腊月留香捏酒壶，磨刀霍霍向年猪。”寒风厉骨凌，肉香眷胃暖，淳朴风情赠年清。

打糍粑
——土家儿女记忆中的年味

地点

湖北省宣恩县

小雪已过，大雪将至，这天气，是一天天冷了下来，四处好像都被附上了冬的寒气。一旦下雨，就格外冷，一切热腾腾的美食，都是这个寒冬里暖心的慰藉。热腾腾、甜蜜蜜、软糯糯的手工糍粑，更是无数人记忆中儿时的味道，又有谁能不爱它呢？对于孩童而言，年底长辈们开始打糍粑，就是要过年的信号了。童年时，那种浓浓的人情味和种种传统年俗，似乎也混在这糍粑的香甜里了。

糍粑的历史，可追溯到春秋战国时期。相传当时楚国的臣子伍子胥为报父仇投奔了吴国，想从吴国借兵讨伐楚国。于是他来到吴国帮助吴王阖闾坐稳了江山，成了吴国的有功之臣。一次，越王勾践举兵伐吴，将吴国都城团团围住。当时正值年关，天寒地冻，城内民众断食，饿殍遍野，国家和人民遭遇到了险难。在此危难之际，人们想起了伍子胥生前“国家遇

湖北恩施街景

二十多斤米打出的糍粑

到困难可以挖开城墙”的嘱咐，便暗中拆城墙挖地，人们惊奇地发现，墙基都是用熟糯米压制成的砖石。原来，这是伍子胥在建城时将大批糯米蒸熟压成砖形放凉后，作为城墙的基石储备下来的备荒粮。人们不禁感叹伍子胥的先见之明！大家将糯米石掘起，敲碎，重新蒸煮，分而食之。后来，当地人们每到年底，便会用糯米制成像当年“城砖”一样的糍粑，以此来祭奠伍子胥。

在湖北的恩施地区，一到腊月，街上就传来了“咚咚”的敲打声。

生活在湖北宣恩的姚良堂一家人正在忙碌着。这个四世同堂的家庭，这一天要打二十多斤的米，做一百多个糍粑。在土家人的节日庆祝中，会把打

打糍粑

糍粑的吃法——炸糍粑

糍粑当作一件很重要的事情。村里几户人家集中两天打糍粑，上午打这家，大家都来帮忙，下午再一起去打另一家。团结合作，效率很高。

“一年忙到头，过年就要打糍粑。过去老人们说，腊月二十八，又打糍粑又浇腊。过年给老人小孩吃了开心嘛！各个地方过年的风俗习惯不一样，北方是包饺子过年，我们南方就是打糍粑。”村民姚良堂说。虽然打糍粑是个体力活，但当木棒此起彼伏敲打时，家人的脸上都洋溢着幸福和快乐。打糍粑的“咚咚”声，也显得美妙动听。

糍粑，既是过年吃的小吃，也是拜年准备的礼物。圆圆的糍粑带着米香，象征着吉利与团圆。

大人是捏糍粑的主力军，小孩子偶尔参与进来。因人小力气不足，捏出来的糍粑团小了，大人就要说几句“一边玩去，糍粑都捏不好看，到时送出去丢人哦！”倔强的小孩像模像样地学起来，比着大人捏成的糯米团，也捏了几个。糍粑团整齐地排列在桌子上，像圆圆的小兵等候检阅一样。最重要的一个步骤终于来了，这也是孩子们最期待的。大人把另一张厚重的桌子倒扣在放面团的这个桌子上，再抱几个孩子上去踩实，这样糯米团就变成了扁扁的糍粑啦！孩子们很乐意被抱上去蹦跶踩桌子。而没被抱上去的孩子则吊在桌子边，小脚悬空着，身子蜷着，那样子可爱极了。搬开桌子，圆滚滚的糯米团变成了一个个扁扁的糍粑。

接下来是印花，孩子们也爱参与其中。他们抢过装着“粑红粑绿”的小圆盒子，用木刻板蘸上，再给糍粑点花纹。有些淘气的孩子也会给自己手上点几个。孩子们感觉自己也帮父母干活了，幼小的心灵颇有满足感。

由于从小就跟在母亲身后看如何制作糍粑，姚良堂的女儿也继承了这门手艺。大家一起打糍粑的场景也成了她难忘的春节记忆。现如今，已为人母的她，会用背篓背着自己的孩子，一起感受春节的氛围，感受做糍粑的快乐。

做好了糍粑，亲人们围坐在炭火周围，烤上几个糍粑，谈论着家常趣事。看着糍粑表皮被火烤得微微胀起，就知道它熟了。手捧着热腾腾的糍粑，再浇上蜂蜜白糖，轻轻嚼一口，尽是绵软香甜。

亲友们一起打糍粑时，糯米的清香弥散在热闹的欢笑声中，所有的苦恼都在那一刻消散，“年”就这样开始了。围炉谈笑间，亲朋间的情谊自然地联结在一起，这便是中国人春节最重要的意义所在。

糍粑飘香，糍粑味美。糍粑暄软，年味悠长。过年忙，糍粑香。

花馍——『母亲的艺术』传承千载

地点

山西省闻喜县

“腊月二十八，家家蒸花馍。”在山西闻喜县的人家里，不吃花馍，怎能叫过年？花馍承载着当地的风土人情，是春节期间不可或缺的“年味佳肴”。平日里再普通不过的麦面馒头，在节日里摇身一变，就成了精致的艺术品，装点着春节的喜庆气氛。

早在明清时期，花馍就已经盛行，到如今已有1000多年的历史。花馍最初是用来纪念祖先，祈平安、求吉祥的，后来也被当作走亲访友的馈赠礼品。老辈人蒸花馍主要用来寄托自己的情感和对美好生活的企盼。在民间，逢年过节人们都会通过花馍这个媒介来庆祝节日，表达自己的喜悦。在晋南的风俗里，每逢重大日子，如喜宴新婚、恭喜嗣续、老人寿诞、乔迁新居、祭祀祖宗、朝拜神灵、丧葬扫墓等都有蒸花馍的习惯。正月里走亲访友，送的是花馍，敬神祭祖用的也是花馍。不同类型的花馍有着不同的含义，不同节日，

为花馍上色

花馍也有着不同的固定样式。

而“馒头”的来历据说是诸葛亮南征祭祀泸水时不愿意杀生，所以用面粉做成人头的样子祭拜，于是叫作“馒头”。至今在南方地区还是叫馒头，而在北方，有的地方叫馒头，有的地方叫馍。相比之下，“馍”给人的亲切感是“馒头”所不能比的。

山西闻喜县的王彦清准备在腊月二十八蒸花馍，所以他在腊月二十七的当天就买好了蒸花馍用的北垣面。这种面，白而筋道。为了不耽误时间，王彦清夫妇连夜就把面发好了。发了一晚上的面，暄软适中。约好的邻里亲友陆续赶来，盘腿坐在炕上，开始做花馍。有的和面，有的揉搓，有的挑压，一个个面团在妇人们灵巧的双手间翻转，变成鲜艳的小花，展翅的凤凰，威风八面的老虎，各式各样，栩栩如生。令人惊奇的是，平时村里邻间劳作产生的小纠纷、小矛盾，都在这腊月的笑声中散去，在热气腾腾中融解。“远亲不如近邻”，一个小小的花馍馍制作工序，把各家“簇合”在一起，你帮我，我帮你，流动着乡间了无痕迹的岁月时光。

剪花馍

位于华北地区的山西，因生产小麦玉米等粮食作物，千百年来，当地人都以面食为主，应了“北方面食，南方米饭”这句话。终日辛勤劳作的农民，日日离不开馍，事事离不开馍。花馍对于他们而言不仅是能量的补充，更是情感的寄托。在历史悠久的岁月里，人们为了祈祷神灵和祭祀祖先，感谢大自然的恩赐，把面食做成花朵、瓜果、人物和鸟兽等形状，发挥了无限的创造力和想象力。晋南花馍造型精巧别致，色彩浓烈，神态夸张幽默，令人叫绝。作品既有人物造型、奇花异草、水鸟鱼虫，又有飞禽走兽，时令水果等，花色品种繁多，堪称艺术奇葩，有极强的观赏价值。花馍好看还好吃，既填

精雕细琢的龙头花馍

饱了肚子，也装点了新年。

花馍的蒸制大多出于妇女之手，她们把心灵手巧和对生活的满腔热情都倾注到面团之中。在山西，花馍被称为“母亲的艺术”。村民杨亭枝从16岁就开始跟着母亲学做花馍。40多年的做馍经验，让她做什么像什么，做什么都好看。她从母亲手里接过做馍的手艺，现如今又传给了她的女儿。像这样，女儿从妈妈那儿学到的这门手艺，代代相传，由女儿传给下一个“女儿”，由妈妈传给下一个“妈妈”。带着妈妈的味道做花馍，制作已不再是繁复的劳动，而是揉和着慈爱和温暖。

五颜六色的花馍蒸好之后，要放到食箩里送到亲朋好友家，这不仅是一份精致的礼物，更寄托着浓浓的情谊。

晋南花馍的集萃——集福大花馍

晋南花馍以其独特的艺术魅力和形式，高超的制作工艺，向世人描述着三晋大地的古老食品文化，反映着中华民族的根祖情源。细细品嚼这形色各异的花馍，似乎可以感受到当地民众祖祖辈辈对幸福生活的渴望和追求，又似乎能触摸到当代晋南人对未来的热爱和向往……

千姿百态食文化，悠悠岁月花馍情。

第二章

守在三十

一

对于每一个中国人来说，农历的大年三十都是这一年中最为重要的日子。奔波在天南海北的人们奔着这一天而早早踏上归程，提前数月的准备与盼望也在这一天敲击出回应。这种因人们对于相守的执着而诞生的默契，在每一岁的新禧中反复上演。

农耕时代，依偎土地而生的人们在岁月的交替里摸索出自然的节拍，跟随着春秋的轮换进行生产与活动，在这样周而复始又循环往复的流逝里，古老的先民以智慧与经验划分了周期间的节点，而在这冬与春之间的顿点，便是“大年三十”。

几千年的历史燃烧成璀璨的炬火，而文明的智慧则在岁月的淬炼中升华为传承的温情。在这一天，无论是北方餐桌上热气氤氲的饺子抑或是闽南地区火热的围炉，形式各异的珍馐佳肴都生发自对亲情血脉的重视；而贴春联、放烟花等民间习俗，也是对来年诸多希冀与祝福的衍生。中国人的情感向来缄默而热烈，那些无法开口言说的心意与思绪便具象为代代相传的礼节，在这个特殊的日子成为“年味”的注脚。

相守的意义跨过几千里的富饶疆域与几千年的时间长河，“守”字便不仅仅意喻着血脉中的温情。当我们因为同样的习俗和情感而与千年前的先祖有了微妙的感应时，这种沉默而磅礴的力量便成为这个东方古国为之骄傲且永不间断的传承。

春节祭祖
——最神圣的仪式

地点

广东省江门市／山东省曲阜市

“礼，王者祭天地，诸侯祭山川，卿大夫祭五祀，士庶人祭其先。宗庙社稷之祀，自天子达于庶人。”祭祖，是中华文明五千年来从未间断过的文化传承。

祭祖萌生自人类初期对自然界以及祖先的崇拜，脱胎于先人“天地和谐共生”的信仰理念，依傍“孝为先”的宗法传统，自秦汉起便成为王侯将相与平民百姓共同遵循的礼仪活动，成为“五礼”之一。

对凝聚着中华传统文化精华的春节来说，祭祖是一项关乎一个家族全体成员的重要活动。在过去，祭祖仪式一般在除夕下午在族人祠堂举行。身穿盛装的同姓宗族，一般都在吃团圆饭前，于家中的先祖神龛面前摆起美酒佳肴。人丁兴旺的家族往往建有本族的宗祠，而无论是三牲饭菜抑或三茶五酒，牌位神龛抑或庙宇碑文，拜祭的虔诚与庄重却总是相同的。“推人事鬼神，缘生事死，人有赏功供养之道，故有报恩祀祖之义。”人们认为，先人虽逝，

广东江门林氏家庙

魂魄却依旧长存，如繁星般悬于天际，庇佑子孙后人。故而慎终追远，饮水思源，思念与祈祷一同化于其间，随着祠堂前不断的香火与袅袅轻烟，绵延千年。

在中国，祭祖纵然家族有异，仪式有别，但慎终追远的心意却是亘古未变，一脉相承。

广东的江门林氏家族，拥有一套严格的祭祖程序，包括颂祭文、焚祭文、上香叩拜、敬献祭品等。当家族男人们齐集家庙，家族中的长者，身着盛装，颂念祭文。人们按着辈分敬拜祖先，在族长主持下上香行礼。祭祀中既有鸣锣击鼓，也有舞狮表演。仪式结束后，祭品会让整个家族的族人分享，以此接受来自祖先的福气。这个时候，庄严的祭祀仪式，转化成大家族的团圆盛典，大家围坐在祠堂里共庆佳节。

作为这次新年祭祖仪式的组织者，67 岁的林家盛先生一直在为仪式忙碌着。和其他家族一样，林家对祭祖活动极为看重，在经济和交通不发达的年代，重大的祭祖仪式会提前一年通知海内外的林氏后裔。当时的祭祖盛况，林家盛先生曾经亲眼目睹："平均每一天一万多人，整个石咀满街满巷都是人，方圆 30 多平方公里，住着一万多林氏宗亲，当时在潭江，全部是大大小小的船。"由于广东地区自古便有"下南洋"的传统，林氏家族在海外就有十万多人。

舞狮表演狮子拜祖

祭祖仪式——祭拜祖先

对这些海外游子来说，家乡的点点滴滴都饱含着浓浓的亲情，因此春节回家，祭奠祖先、编修族谱、修缮祠堂，就是他们内心放不下的亲情与乡情。“月是故乡明”，踏上阔别多年的故土，在漫天的锣鼓与鞭炮声中，血脉的归属寻找到团圆的满足。

在幅员辽阔的中国大地上，人们祭祖的时间和仪式并不统一。山东省的曲阜市，因为是孔子故里，大年三十的祭祀活动既有和其他地方相同的习俗，也有当地独特的内容。

年近七旬的孔昭亮是孔家第七十一代孙。大年三十的傍晚，他会率领家

孔门故里

祭拜孔子

人完成一个庄严仪式——请先祖回家过年。柏枝插香，祭祀门神，飘散的烟雾和香气携着后人的虔诚、新春的祝福与祈愿四处弥漫，环绕人间。

在孔家，无论是平时的小祭，还是年节时的大祭，供品和祭器的准备都十分讲究。和其他家族不同，孔氏后代在制作祭品时，忌用鲤鱼，因为孔子的儿子名鲤，需要避长者讳。祭拜的时候还有许多细致的要求，看似烦琐，实则蕴藏“推人事鬼神，缘生事死”的心意。它们源远流长奔腾至今，凡间的追思填满月亮的缺昃，先祖的庇佑便常逐月华流转，因而五千年来，这片土地上的每一宗姓氏，都从未感受过飘摇或孤独。

夜半子时，孔家祭祖仪式正式开始。堂屋正中高悬着孔子画像，这是中国社会的“万世师表”，更是孔氏后人心中永远崇敬和感念的先圣。按照家规，男人们按辈分依次向祖先磕头。每一个孔家后代在向先圣叩头祭拜的时候，都全身心融入此刻庄严的氛围，内心充满对祖先的无限感恩。

过年祭祖，对于世代生活在这片土地上的人们来说，已经不单纯是某种年俗，更是一种对生命寻根溯源的无尽追求，是对亲情血脉的无限传承。

春联——最吉祥的文字

地点

山西省太谷县

“喜气临门红色妍，家家户户贴春联”。春联又作“春贴”，是中国民间庆贺春节时常见的门房点缀。

春节贴春联的民俗演变自周朝的“桃符”，那时的人们在桃木上刻写神荼、郁垒二位神祇以求压邪驱鬼。而唐代“门神画”的出现，接过了桃符所肩负的驱邪避灾的使命，桃符的内容则演化成用来表达人们祈求来年福运降临和五谷丰登的美好心愿，并逐渐拥有了对仗工整、简洁精巧的文辞特点。到了明代，桃符已由桃木板改为喜气的大红纸张，依其使用场所，可分为门心、框对、横批、春条、斗方等。每至新春，百姓将其贴于门户，“千门万户曈曈日，总把新桃换旧符”，大红的春联便随着忙碌的人们迎接来年的福气，繁忙的城市也因这酽酣的墨香有了簇新的希望。

而春联作为民间的文学形式，在装点贺岁氛围之余，更承载着人们对新禧的期许与追求。无论是“天增岁月人增寿，春满乾坤福满门”的吉祥，还是“忠

写春联

孝传家久，诗书济世长”的箴规，蕴藏于不同文字中的祈愿实则脉络相承。可以说，春联既是一种辞旧迎新的方式、一种表达心愿的方式，更是中国人潜意识塑造和传承家风的方式。匆匆岁月里这一抹鲜艳的红色为新春染上喜气，鲜明流淌在每一方土地、每一处街巷与每一户人家对新禧的希冀之中。

穿越千年的墨彩如是缭绕，“旧年辞别迎新岁，时序车轮总向前”，辞旧迎新的方式虽缄默无声却鲜艳万分。

对于家住山西省太谷县的陈迷根而言，年三十这天是分外忙碌的日子。早从十一月开始，半个村庄的人们便会给他送去红纸，等待他在这一天挥毫其上。墨香四溢，一晃便氤氲过 40 多年，年三十为村民书写春联，已然成了老陈独有的新年习惯。

写春联并非信手涂鸦的易事，老陈明白乡邻们正借此期望来年有个好彩头，落笔而生的几行墨彩便有了万钧的重量。在正式书写之前，老陈会挨家

三十下午贴春联

三十上午写春联

挨户地查看乡邻的门户与所豢养的牲畜，以此来确认春联的数量与内容。年三十一早，老陈便坐在了干净的书桌前，吸饱了墨水的毛笔落纸正酣，墨迹晕开在大红夹碎金的纸上，生了老年斑的手微微颤抖，落下却是字字遒劲。窗外的嬉闹逐渐夹杂着爆竹的声响，老陈笔挺的身影缭绕出墨香。“半盏屠苏犹未举，灯前小草写桃符。”千百年前在灯下描写桃符的先人在此刻与老陈有了微妙的感应，这一张历经时间浪涛仍未褪色的红纸正如同新禧的勋章。在春联书写完毕后，老陈会让儿子把誊着吉祥如意的大红春联挨个送往乡亲家中。“岁月匆匆又一年，家家户户贴春联”，在年三十下午，男女老少把大红的春联贴在自家的门口，把写满吉祥话语的福条贴在家具、窗户上，屋内院外都洋溢着春天的气息。人们的家中因多出了这份墨香浓郁的点缀，年味便在村子里由此传递，层层叠叠地荡漾开来。

几十年的书写源自于老陈对乡邻情谊的珍视和对春联的钟情，他攒下大量春联佳句，对什么人、什么事该写什么样的春联，于他不过信手拈来：“请灶王爷，就写‘上天言好事，回宫降吉祥’；要是请土地爷，就写‘土中生白玉，地内出黄金’；要是请门神，就是‘一年行好运，四季保平安’。”蘸着百姓的心愿，每一道笔画都带着人间的灵气。老陈的春联是对九霄之上的神祇最简单又最真诚的祈愿。

等把乡亲们的春联都写好后，老陈才会开始准备自家的春联。老陈今年刚好 66 岁，按当地的习俗，这是一个寓意长寿的年岁。他的朋友特意为他写了一个独具特色的“福”字。这个如文似画的“福”字包含了福禄寿喜齐聚一堂的美好的期盼。同春联一样，“福”字也是中国民间独特的春节装饰，“福”字的解释是“幸福”，而在过去则指“福气”“福运”。人们为了更充分地体现这种向往和祝愿，干脆将“福”字倒过来贴，表达“幸福已到”“福气已到”的祈愿。

在中国除旧迎新的春节文化中，春联也许是最简单、最直接又最鲜明的表达。几千年的岁月匆匆流逝，中国人对于美好的追求却永远奔流不息。

饺子——最浓的年味

地点
黑龙江省牡丹江市

“最是上春三五日，盘餐到处定居先。”立春过后，饺子便常常在百姓的餐盘中出现，而在大年夜，它通常也作为春节团圆饭的主角出现。这再熟悉不过的寻常面食，其实距今已有1800多年的历史。

饺子是由馄饨演变而来，原名“娇耳”，在其漫长的发展过程中，它还有着繁多的名讳，例如“牢丸”“扁食”“饺饵”“粉角”等等。或许很难想象，饺子的诞生其实无关于口腹。东汉名医张仲景不忍百姓在隆冬因饥寒而冻烂耳朵，故总结汉代300多年临床实践，用羊肉和一些祛寒药材在锅里熬煮，煮好后再把这些东西捞出来切碎，用面皮包成耳朵状的“娇耳”，制成“祛寒娇耳汤”分发给百姓。

如今的饺子早已成了北方最为流行的面食，它登上春节餐桌的原因并非单单因为它的美味：首先，饺子形如元宝，人们在春节吃饺子取“招财进宝”之意，以求彩头；其次，饺子有馅，便于人们把各种吉祥、喜气的东西包到馅里，

全家老小一同围坐包饺子

以寄托人们对新的一年的美好期盼。

作为药材的娇耳包含医者仁心，而时和岁稔的今天，走出杏林的饺子早已作为更岁“交子”的习俗成为春节不可或缺的珍馐佳肴。

大年三十的夜晚总是早早地被烟花燃亮，位于黑龙江省的雪乡，迎来了一年当中最冷的时刻。零下20多摄氏度的气温寒冷彻骨，但是这个只有137户人家的小山村，到处挂满了灯笼，新春的气息合着暖色的灯火扑面而来。

贾金赞正在幸福地忙碌着，在外地林场工作的儿子终于在大年夜前赶回了家。作为母亲的她要用精心准备的饺子，慰劳大家一年的辛苦。当夜幕降临，灯光亮起，一家人团聚在一起，和馅儿，擀皮儿，拉家常，浓浓的亲情洋溢在小小的屋子里。大人的闲谈掺杂着孩子们的嬉笑，薄皮大馅儿的饺子包裹着一屋子的美味和温情，包裹着一年到头的喜悦和期盼。从母亲温暖的掌心渡到滚烫的沸水中，荡漾开甜蜜的涟漪，缠绕满屋的香气便攀上了人们嘴边的笑意。

包饺子的步骤

在北方的很多家庭中，大年三十包的饺子，除了一般常见的馅料，还要把花生、红枣、糖果、硬币等象征吉祥的东西包进馅儿里，寄托对来年的希望与祝福。贾金赞对这个习俗当然也不陌生：“包饺子搁钢镚的，搁个小银子的，谁要吃这个饺子，谁就是有财运，财源滚滚；包上红辣椒，谁要是吃这个带红辣椒的饺子，日子就过得红红火火；谁要是吃上带糖的饺子，就预示着他过日子甜甜蜜蜜！”

对于贾金赞的孩子们来说，年三十的饺子不仅象征了团圆，更承载了母亲对孩子们的满怀期盼。刘清海至今都记得，在孩提时代的某年春节，他因为考试失利郁郁寡欢，母亲便特意在饺子中包进了一枚象征着好运的硬币，而这枚饺子最终被他吃到，天降的运气便安慰了他烦躁的心情。在某次弟弟因为心事烦闷时，他无意间看到母亲在厨房把带有特殊标识的硬币饺子放进了弟弟的餐盘中。那天晚上在饭桌上，弟弟果然因为吃到了幸运饺子而欣喜万分，望着弟弟终于绽开笑意的脸颊，他恍然明白了母亲藏在饺子中的缄默

年夜饭全家吃饺子

温情。父母对于儿女的良苦用心，没有华美的矫饰和多余的修辞，正如一个个再寻常不过却热气腾腾的饺子。

小小的饺子，蕴含着深厚的家庭温情，长久地留在儿女的记忆里。“过年”和“回家”是一对分不开的孪生兄弟。过年祈福，回家幸福，包饺子时，把饺子皮的边缘对齐、仔细捏好，就叫“捏福”。年三十的饺子，不仅外形上有讲究，就连摆放也有规矩。俗话说：“千忙万忙，不让饺子乱行。”日常包饺子，横排竖摆，皆可随意，大年三十包的饺子则必须按照当地的传统摆放整齐。贾金赞指着碗盘里行列规整的饺子，言语间不无骄傲：“你看我摆的饺子，这一圈圈这么摆。一圈一圈地摆就是圈财，圈福，把福气都圈家里，走不了。别人家有一趟趟摆的，一趟趟摆就是路路通！摆饺子可有说道，可有讲究了！”

这样的年夜饭每年都在上演，同样的话语每年都在重复，但是家人的每一次相聚，都是一次亲情的表达和融汇，都是一次希望的酝酿和培育，而这才是团圆时，一碗香气四溢的饺子真正的意义。

围炉
——最火热的年夜饭

地点

福建省南靖县

在中国人看来，年夜饭象征着亲情，象征着团圆，这一点中国各地都一致，所不同的，只是具体的菜式和吃法。北方人大年夜吃的是饺子，而在闽南地区和客家人聚居的地方，全家人在大年夜要围坐在火炉周围聚餐，叫作“围炉”。

“围炉”在品尝美味之余，亦有着独特的讲究。例如，参加“围炉”的人，不论大小，桌上的每样菜都得下筷子；平常滴酒不沾的妇女，也要象征性地喝一口酒，以讨吉利；而如果家里有人外出，来不及赶回，也要空出一个席位，把他的衣服放在空位上，表示全家老小对他的思念。餐桌上的规矩并不烦琐，在合家团圆的夜晚，这些吉祥的条例更多是唤起喜庆的氛围，散发热气的火锅蒸腾出来年的希望。一副副碗筷映照着觥筹交错间的天伦温情，内敛的情意在热气四溢的围炉中无声流淌。

大年三十的下午，在福建省南靖县的田螺坑土楼，黄菜香正在为年夜饭的围炉做着准备，并不宽敞的厨房因为她忙碌的身影而氤氲着浓郁的饭菜香

温暖的炭火是“围炉”的中心

年夜饭的“主角”——白切鸡

气。和很多居住在土楼里的客家人一样，黄家围炉时的菜品在品种和数量上都很有讲究，一定要有十二道菜。每道菜都有好的寓意，比如鱼象征生活富足有余，豆腐代表着发家致富，即使是最普通的蔬菜，也会有个“长年菜”的好听名字。而且围炉时所吃的蔬菜，不能用刀来切，而是整根煮熟，以感念父母的养育之恩。在围炉时，最重头的菜就是一盘鸡。谈起这位年夜饭中的“主角”，黄菜香有很多话要说：“我们年前都要养鸡鸭，过年那天要杀鸡杀鸭。鸡头，象征一年到头。鸡头摆上桌去，才有头彩，我们就说一年都有好彩头。年三十的那一只鸡，鸡头、鸡翅膀、

田螺坑土楼

鸡脚、鸡尾都要摆得整齐，摆成圆盘。圆圆的象征着一家人过得团团圆圆。”以饭菜表达的心意是最为朴素直接的祈盼，不需要多余的语言作注解，一年的希望与团聚的喜悦统统融化在唇舌间。

黄菜香所在的黄氏家族已经在田螺坑土楼群生活了21代，现在依旧沿袭着客家人的传统。黄菜香说，在以前的困难时期，实在买不起鸡的人家，也会想办法用其他食材摆成鸡的形状，再从邻居家借来鸡头拼成一只完整的鸡。借来的鸡头十分珍贵，年夜饭的围炉之后要放在腌菜缸里保存，直到正月十五以后，才能让孩子们吃掉。如今生活富足了，这样的故事也就变成了人们的回忆。

十二道菜上桌后，家里的男主人就开始准备红泥炉了。先把炭火烧旺，再在炉子上围上一圈红纸，摆在桌下，象征着来年全家团圆，幸福兴旺。

围炉时有很多讲究，譬如男主人说“倒酒”，长孙就会左右手交替为长辈们倒酒；男主人说“喝酒”，大家就喝一小口；举筷指点一盘菜，说一句吉祥话，大家才开始品尝。如此这般，酒过三巡后，大家才可以随意吃菜。

黄家的孙辈黄仰寿借着热闹的欢笑为头发花白的奶奶夹去一块红烧肉，在奶奶被笑纹包裹的眼睛里，黄仰寿的祝福也带上了欢喜：“添

福建当地的特色美食之一——血蚶

福添寿，希望您长命百岁！”而这也是围炉的讲究之一。为父母夹菜时，黄仰寿会说“身体健康，万事如意”；而面向孩子时，祝福则变成了“好好读书，步步高升”。普通的饭菜因为亲人的心意而变成了承载祝福与情感的信笺，借着新禧作邮票送与家人口中温暖心田。这样的吉祥话在围炉的饭桌上互相交换着，在人们的脸上化作笑意层层晕染，引得酒杯碰撞叮当作响。

中国人在大年三十的饮食讲究，除了晚上那顿丰盛并且寓意吉祥的年夜饭，还有很多地方特色美食。它们虽然不是年夜饭的主角，但却是人们辞旧迎新时必不可少的，其中饱含的天伦温情或祝福希冀，随着筷子夹入每个人的口中，缭绕在每一个中国人的身边。

年糕

——最糯的甜蜜

地点

江苏省苏州市

在中国的南方地区，有一道美味在过年时不可或缺，那就是年糕。“年岁盼高时时利，虔诚默祝望财临。”自古以来，年糕便因为其吉祥的寓意而备受百姓青睐。

年糕属于农历新年的应时食品，是用大米或糯米，煮熟后再经过打制或磨粉后压制而成的糕点，一般有红、黄、白三色，象征金银财宝。年糕谐音“年高”，寓意一年要比一年高，与喜庆的春节再合适不过了。香糯可口的年糕是老少皆宜的餐点佳肴，藏在年糕里的心愿则随着入口时的美味唤起对来年的希望。

作为汉族的传统美食，中国各地的年糕各具特色，其中苏州年糕是一个典型代表。

相传，2000 多年前的春秋战国时期，苏州是吴国的都城。吴王命令伍子胥筑城，建成之后，伍子胥悄悄嘱咐随从说：“如国家遭难，民饥无食，可往相门掘地三尺得食”。后来，吴国因战乱被困，饿殍遍地，人们按照伍子胥的嘱咐，前去挖掘，这才发现，原来相门下面的城砖是用糯米磨成粉做的！苏州人为了铭记伍子胥的功德，就在春节这天，家家吃年糕来纪念他。因此，苏州年糕的造型与城砖相似，而且干后不裂，久藏不坏。

谈起本地的糖年糕，作为忠实拥趸的苏州市民陈锡荣颇为兴奋：“苏州人过年有‘四大名旦’，过年必备，分别是糖年糕、猪油年糕、八宝饭、小圆子。苏州的老百姓家家户户都要来排队买，不但自己家里要吃，还要送人。我们光春节做年糕要用掉 200 吨糯米。”糯米的香气在研磨成粉后悄悄晕染于整个都市。年糕是这座古老的水乡城市不可忽略的春节标签，提醒繁忙的人们为新禧的甜蜜驻足。

苏州古城门——盘门

角直的糖年糕

快节奏的都市生活让大多数人无暇制作年糕，购买现成的年糕成为渲染年味的主流。而在安逸宁静的乡村，不少人家仍然保留着自己做年糕的习俗。在苏州角直镇，做年糕是家庭主妇们过年前的一件大事。亲手为家人制作年糕，才真正意味着年来了。

流行于角直地区的年糕是用糯米粉和南瓜粉制作。虽然材料简单，花色单一，却是这里的人们世代相传的家常美食。由于制作过程繁复，一个人很难独立完成，所以村里的主妇们常常会相约着一起做年糕。

角直村民韩雪花和她的姐妹们在为制作年糕而忙碌着：“过年的时候，一个人忙不过来，就互相帮帮忙。通常，两三个人是忙不过来的，来不及了，就五六个人凑在一起。我们每年都这样，高高兴兴就是过年了！”年的滋味在姐妹间的闲谈与手里不停歇的动作中蔓延，妇女们劳作的身影穿梭，如湖

角直年糕的制作不可或缺的步骤——压实

面粼粼的波纹，在生活这条奔腾不息的河湾中，勤劳朴实的希望是一道道无法忽略的亮色。在角直，韩雪花和其他妇女们依然沿用着最传统的年糕制作方法，糯米蒸熟后，用扁担一次次压实。尽管费力又费时，但这样做出来的年糕，更有黏性，更为紧实，口感更好。季节更换，春秋消逝，制作年糕的手艺代代相传，新年的欢喜便在这样的甜蜜里流转至今。千秋万世的同一轮月亮下，中国人对于“年”的浓厚情感，并不会因为时间而间歇或消散。

在一片欢声笑语中，在一双双辛勤而灵巧的手里，年糕显现出最完美的造型。忙碌了一天的人们，开始坐下来品尝自己的劳动成果。角直村民钱艳萍满足地看向桌上的劳动成果，亲人们品尝时的笑颜，是对她和姐妹们一下午忙碌的最好回应：“我们大年三十都做很多，大家会分着，等到大年过后再吃。年糕有很多吃法，可以切成块，放在汤里煮着吃，或者放在粥里煮着吃，也可以放在电饭锅里蒸着吃、放在微波炉里面转着吃。”年糕的香气将飘散至年后，家人的爱意却会在一整年里持久。

虽然看上去质朴简单，毫无修饰，但是年糕的味道却香糯可口。犹如这乡间的田园生活，平淡中别有滋味，也如同即将到来的新年一般，年复一年地出现，却每一次都让人回味无穷。

炉馍馍——最灿烂的西北美食

地点

宁夏银川梧桐树乡

一方水土养育一方人，不同的地域造就不同的年味。有别于江南水乡软糯香甜的年糕，在陕西，炉馍馍是人们庆祝春节时餐桌上必不可少的美食。

作为陕西的特色传统美食，炉馍馍的起源已远不可稽。过去，无论是在烽火硝烟的古战场，还是在和谐发展的边塞贸易中，人们常在干粮袋里、衣服兜里，散放着几个有香气的炉馍馍。炉馍馍的味道在岁月的裹挟下，历经千年，传承至今。

在关中民间，一直流传着一个有关炉馍馍的民间传说：康熙帝曾率师西征噶尔丹，“羽砮行边六日程”，来到安边堡，遂命大军宿营，自己扮成“脚户”私访，与当地人高善仁相谈甚欢。高善仁将几位客人请回家招待，取出炉馍馍邀请品尝。客人尝后，连声称好，并向他了解做炉馍馍的技术。告别时高善仁送了客人一罐炉馍馍，客人则脱下马褂，赠予他作为答谢。后来高善仁发现褂内刺有龙图，方知此乃万岁爷所赠。时隔不久，朝廷命人专程来

六合同春的炉馍馍

铁锅里香气四溢的炉馍馍

安边请高善仁赶做炉馍。消息一下传开，各州府县官吏借机向朝廷进贡，各路商客炉馍生意火爆，“销东晋，售南庆，能西凉，出北塞”。民间则“家皆以饼相馈”，安边东滩至今还保存着描写康熙帝品尝炉馍馍场景的对联：“金炉不断千年火；玉盏常照万岁灯”。

民间逸闻的真实性早已遥不可考，但酥脆可口、馅味清香的炉馍馍确已陪伴西北人民度过了无数盏新春的灯火。

在西北，平常的炉馍馍，只是做成圆形，并且不加任何馅料。过年时的这道炉馍馍，却和往常大不相同。

“里面放的有薄荷、油，还有白糖、红糖、香油，这几种加起来以后就香。薄荷本来就是一种香料，香油跟白糖掺在一块儿就更香了！出来的炉馍馍味道香甜，酥脆可口。”宁夏银川的梧桐树乡，正在和家人们为了炉馍馍忙碌的村民王喜喜解释着，“农村的风俗习惯就是每年要做这个炉馍馍。它为啥要切成六瓣？“六”代表着六合同春，六六大顺。炉馍馍为啥要翻个爪子？翻个爪子的意思就是翻身。点红点儿到中间表示红红火火。”蕴藏在做法中的讲究饱含着百姓对于新禧的希望，由想象延展而出的祈愿反映着中国人积极乐观的人生态度，裹携着祝福作馅料的炉馍馍便散发出更加浓郁的香气。

炉馍馍的做法并不复杂，面团被揉压成小饼后，要用刀切成六瓣，一一卷起来，做成花朵造型，然后就可以放进已经烘热的铁锅里。经过半小时的

烘烤后，炉馍馍完全熟透，香气四溢。

在当地人看来，过年时的炉馍馍如果能够做好，就预示着未来一年能够顺顺利利。事实上，人们之所以认可这样的特殊意义，与它的来历不无关系。在西北，炉馍馍是馍的一种，它不仅是食品，也作为祭祀的供品。上古时期，祭祀仪式需要消耗大量牲畜做成供品，后来人们改用面粉制作各种动物造型替代牺牲，就减少了祭祀活动所伴生的杀戮行为。这种由祭祀行为演变而成的风俗，用面粉调和的柔软代替祭祀的血腥，烘烤出的味道满足了味蕾，替代了刀口的血痕。炉馍馍的香气里是中国人的慈悲观和仁爱观。

炉馍馍散发的香气，弥漫在整个房间，恍然飘过几十年的岁月。香气伴随着这个家庭的每一年春节与婚嫁新生，直至如今四世同堂的天伦温情，炉馍馍是参与者，是见证者，亦是陪伴者。在窗外鞭炮的声响中，王喜喜和家人们围坐在一起，面前的餐桌上摆满了庆贺新春的佳肴美食，最显眼的位置却仍然是凝聚着一家人劳动的成果——炉馍馍。品尝着团圆饭，全家老小满心欢喜地迎接新一年的到来。

经历过炙烤而成的炉馍馍，是氤氲在八百里秦川的喜气。蓄积丰饶的沃野上，这一道独特的美味，无声地见证着春节的吉祥与每一户的团圆。

六合同春

大理白族——最清香的年味

地点

云南省大理白族自治州

中国是一个多民族国家，在幅员辽阔的华夏大地上，各族之间同气连枝，往来密切，文化习俗相互影响。新年并非汉族所独有，很多少数民族也在同一天欢度新春，共贺新禧。

云南大理的洱海边，白族同胞们有着一个特殊的春节习俗——“铺松毛”。在除夕前几天，一家人打扫干净庭院后，还要带着篮子或者筐子到周边山上，去采集松树上的新鲜松针，压紧装实后带回家中，并在大年三十那天，把它们铺撒在庭院和屋子里，形成一层绿色的松针毯。吃饭时，人们在软软的新松毛上，布置饭菜，围坐在一起吃团圆饭。若串门的亲戚来人很多，青松毛不仅可以当饭桌、椅墩，还可以成为最好的床铺。

“这是我们农村的习惯。松树本身有一种香味，有辟邪的作用，给人一种清新的感觉。”大理村民张世芳挎着篮筐在院子里认真地倾撒松毛。绿色漫溯在小小的院落中，好像春天倾泻，未来得及萌芽的草木便通通生长在这天地一隅。新年的色彩晕染开来，松的清香振翅飞舞，栖息在每一个人的肩膀。

大理白族非常喜欢松树。他们认为，松树四季常青，而且有一股特殊的清香味，不但可以净化环境，还有祈福、辟邪的作用。在大年三十和正月初一，松针会一直散发香气，陪伴白族同胞辞旧迎新，直到正月初二以后才会被扫掉。在张世芳的记忆中，以前过年的时候，家里不但要铺松针，还要在院子中间摆一棵松树：“我们院子中间有一个小孔，我姥姥在的时候，也就是挖一个小坑，找成年人这么高的一棵松树回来，种在院子中间。再用松针和松枝搭一个大门。大门两边贴一副对联，给过年增加点喜气。”松树的清香在记忆中久久弥漫，如今，张世芳俨然熟稔过年铺松毛的种种规矩，童年时的那棵松树带着对姥姥和春节的回忆，不仅永远烙印于她的脑海里，更已清香阵阵，郁郁参天，投下阴凉，庇佑着她的儿女。

白族的村子里，都建有好几个保护本地各姓氏的本主庙。本主就是村社保护神，是掌管本地区、本村寨居民的生死祸福之神。庙多为筒板瓦盖顶，前伸重檐，为前出廊格局。庙的木隔扇门窗多雕刻着精美的龙凤纹理，并饰以鲜艳色彩。庙内供奉泥塑或木雕的本主神像。年三十这天，本主庙里都会举行敬神的仪式。家

院子里铺松毛

本祖庙里的敬神仪式

族的长辈要带着猪头、公鸡、年糕和米花糖等供品，来到庙里，虔诚地上香，感谢保护神，祈求来年风调雨顺。如果九霄之上真有神祇，面对这样的诚意与敬意也必然会洒下吉祥。拜过了各路神仙后，那些供品被带回家中，仿佛带回了神灵的护佑。它们将成为年夜饭的“主角”，在合家团圆的时刻登场。

白族的一个大家庭至少有二三十人。为了准备年夜饭，家中的女性都要到厨房帮忙，相互协作。姐妹间的默契与笑容消磨掉厨房的油烟，蒸锅里冒出团团热气、炒锅中飘出阵阵浓香与屋子里松针的清香交织在一起，让新年的味道愈发浓郁。

年夜饭的每一道菜都要先供奉在祖先的牌位前，这种源自于对血脉的尊重是白族同胞的传统，对先祖的感恩与敬意便在这样的习俗里无声流淌。敬过祖先之后，院子里也热闹起来。满院的

祭品年夜饭——鱼和肉

松针柔软如毯，大家席地而坐，恍若置身于林间，与自然相伴。热气腾腾的饭菜亦因为松针的清香而别有风味。老人们举杯畅饮，孩子们尽情欢笑，杯盏碰撞间勾勒出一幅合家欢乐的温馨画卷。纵然各族习俗不同，但一脉同源，比肩联袂，独属于春节的欢乐乘着团圆的微风吹拂着神州的每一片土地。

“岁老根弥壮，阳骄叶更阴。”松枝的清香流淌，松树的品质凌云，与松树羁绊相生的白族，在新岁伊始的春节，徜徉于松的清香中。新禧的吉祥和着来年的欢笑，在香气中缓缓流淌。

烟花爆竹
——最热烈的新春序曲

地点
江西省万载县

“爆竹声中一岁除，春风送暖入屠苏。”燃放爆竹的轰隆声渲染出浓浓的节日氛围，夜幕中绽开的色彩斑斓涂写新春。三十晚上放烟花爆竹，是中国人流传了上千年的习俗。

鞭炮起源至今已有 2000 多年的历史。从它的别称“爆竹”，便可以窥见它的前身。在火药和纸张还没有问世的年代，古人是用火烧竹子，使之爆裂发声，以驱逐瘟神。南昌诗人来鹄的《早春》中有“新历才将半纸开，小亭犹聚爆竿灰”的诗句，便是描写当时春节燃烧竹竿的情景。而烟花的出现则源自于焰火。隋唐之际，火药发展成为供娱乐用的焰火，隋炀帝有诗云：“灯树千光照，花焰七枝开。”烟花诞生伊始便因为绚烂绮丽的效果而被文人墨客所钟情，“年芳被禁籞，烟花绕层曲”、“十里寒塘路，烟花一半醒”。书写在苍穹的浪漫与笔尖的潇洒相遇，便是佳节的风情。

在年三十燃放炮竹的习俗，与一个民间传说有关。相传，有一头叫“年”

“年”兽

村民对抗“年”兽的表演

的怪兽，头上长角，十分凶猛，每到除夕就会出来伤人。每当这时，人们只好逃往深山，躲避“年”兽。有一年，一位老人把竹节扔进燃烧的火堆里，竹节砰砰啪啪炸响，“年”兽吓得慌忙逃窜，人们得以平安。从此以后，人们都知道了怎样对付“年”兽，在每年年三十，家家户户都会燃放爆竹。

烟花爆竹是否能驱除精怪，我们无从印证，但它们赋予春节的热闹与色彩，却的确相随至今。

55 岁的郑有金进入烟花行业已经 20 多年，对于燃放烟花，他有着自己的见解：“燃放鞭炮散发的硫磺味可以杀死空气中的有害生物和细菌——这是旧社会放鞭炮的一种观念。”当硫黄的味道弥漫，天际中的花火正值绚烂，烟花以绚丽的色彩庆贺神州大地的又一年春回。鼻息间萦绕的淡淡硝烟气息便是在提醒人们，烟花在一瞬美丽之后并非湮灭，而是在盛开之后仍会留有痕迹。正如春节过后，喜气和希望依旧会留在人们心间。

今年的烟花销量很好，老郑很开心。为了庆贺，他专门给自家制作了一个大花炮。大年夜，抬出自己亲手制作的烟花，准备照亮夜空的时候，郑有金既有迎接新年的喜悦，更有一份亲手创造美好图景的自豪。老郑亲手将这只承载着他数日心血的烟花点燃。零星的火花凝聚成焰，带着他对新年的喜悦飞向夜空，留下流星般的轨迹。在到达顶点时随着人们的惊呼倏然绽放，焰火四溢。孩子们兴

码放好的一排排烟花材料

承载数日心血的烟花点燃

奋的喊声和烟花一起奏响春节的序曲。原本静谧的夜空美丽如早春盛放的花圃。这一瞬的夜幕，是老郑为家人们带来的春天。穹隆之高远，凡人伸手无法触碰，但以智慧与祈愿为引信的烟花却可以在夜幕留下掌纹。烟花的绚烂色彩不仅仅是美的浪漫，更代替人们在原本无法靠近的穹隆留下探索的拓印。烟火承载着人们太多的情感，这封以心意裁剪的“信笺”，以极美的绽放在天空宣读人们对生活美好的祝福与祈愿。

“小时候我们家买一挂鞭炮回来，我总要剪一段下来，拆开放到袋子里。这些鞭炮是一个一个去放的。有时鞭炮燃放以后，有的引线没有点着落到地上的，我们还把它捡起来掰开，把硝倒出来，用铁锤、石头去敲响。敲响了也是一种乐趣。”看着自己盛放在天空的作品，老郑不由想起了童年时与鞭炮的故事。石火光阴，白驹过隙，几十载岁月在老郑的脸上留下纹路，也让曾经那个嬉闹的孩子站在自己点亮的夜幕下和家人共庆新禧。望着自己带来的美丽，迎接新年的到来。

当新年钟声敲响的那一刻，鞭炮齐鸣，烟花飞舞，原本黑暗的夜空顿时亮如白昼，映出大人和孩子们幸福的笑脸。这一刻，时间进入了一个新的轮回，中国人也走进了新的期盼和祝福中。

第三章 聚在初一

《玉烛宝典》里写道："正月为端月，其一日为元日，亦云正朝，亦云元朔。"忙过了腊月，就迎来了期待已久的正月。正月初一，是新年的第一天、农历第一个月的第一天。这一天清晨的锣鼓喧鸣，伴随着热闹和喧嚣，中国人民开启了新的一年。下一锅人间烟火，辞旧迎新；围一桌欢聚满堂，乐在初一。

初一，即是新年。聚，是新年的主旋律。此时，在同一个时空下，河北省景县的人们开始了走街串巷互拜新年，这是他们最浓烈的新春祝福。在四川阆中，老人们穿好红色吉庆古装，扮作春节老人去给孩子们送吉祥。在陕西黄陵、山西常平，众多信男善女早早排在了寺庙外，只为抢得一根头香，拔得一个新年的好彩头。在云南大理，白族的小伙子们一早就担上了水桶，争先恐后想要把一年的好运气挑回家里。初一的饭桌上，无论是山东莒南县孙家的一顿素饺子，还是浙江龙泉下樟村民齐心协力打的黄粿，抑或是长白山下的打糕，它们在初一这天摆在了餐桌上，里里外外就只有两个字——团圆。

宋代的释梵琮师父曰："今朝正月一，万事从头吉。和气暖如春，世味甜如蜜。日月往复来，光阴不相失。"聚在初一，这是一场精美绝伦的人文盛宴，团圆，便是这个时代里最惊艳的良辰美景。

拜大年
——最浓烈的新春祝福

地点
河北省景县黄庄村

“爆竹声中一岁除，春风送暖入屠苏。”辞去旧岁，迎来新年，初一的清早，在此起彼伏的开门炮仗中，人们释放着迎新的喜悦。大街小巷、十里八乡变得人潮涌动，到处都是鱼贯而入的欢乐和蓬勃而出的喜庆。对于重家族、重宗亲、重血缘的中国人来说，正月初一的拜大年是新年中的头等大事。

拜年之风俗古已有之，传说在远古时代有一个叫“年”的怪物，这个怪物残暴嗜血，每年都会在腊月三十晚上出来吃人。人们只好把提前买来的肉放在门口，然后关好房门，躲在家里，直到初一早上，才敢开门。亲戚邻里见了面，都会互相作揖道喜，恭喜彼此没有被“年”吃掉，彼此祝贺又平安度过了一年。后来，这种祝贺方式被人们沿袭了下来，形成了风俗，代代相传。

在河北省景县的黄庄村，天还没亮，75 岁的黄庆彬早早起床下地。身为一家之主的他要履行自己一年中的第一份职责——生火做饭。和很多地方的年俗相同，黄庄人大年初一早上也吃饺子。不过在动筷子前，家人首先要拜年。

这在当地是一种古老而庄重的仪式。

天刚蒙蒙亮，噼里啪啦，烟花爆竹染红了这半暗的天，点燃了红红火火的新年。

饺子，下锅了。

“爸，妈，给您拜年了！”黄家子孙，头顶皇天，膝跪后土，深情一拜。

“都有了。”黄庆彬和妻子的脸上是藏不住的笑意，眼中也尽是欣慰。

堂屋的正中，悬挂着一幅三进宅院的布质画，这是象征祖灵的神像。晚辈给长辈拜年的同时，也要在神像前下跪叩头，用这种庄重的仪礼表达对长辈的感恩和祝福。

黄涛是家里的长子，是一名大学老师。他说：“冲着神灵拜年，就是请神灵保佑这一家人一年平安，庄稼收成好。嘴里说的还是向长辈拜年，实际上是请神保佑。好比喊一声，爷爷，给你拜年了！然后就向着神拜。这个跪拜动作是请神保佑爷爷这一年里平安健康。”口中念出的是惦记和尊敬的人，膝跪大地，叩拜神灵，希望神灵佑他平安。

“爸爸，给您拜年了。”黄涛的儿子面朝神灵，重重一拜。

“好，收着了。”黄涛喜笑颜开。收着了，收着什么了？收着了儿子的一片孝心，收着了三代同堂的幸福团聚，岂能不喜笑颜开？

家庭内部拜完年后，长辈会给晚辈压岁钱，然后就可以吃饺子了。吃饭的过程不能太长，因为很快就会有人上门来拜年。

“拜年了，来给您拜年了。”“叔，拜年。”“给您拜年。”

黄庆彬的家里门庭若市，热闹极了。最先来给黄庆彬拜年的亲戚是他的侄子和表侄们。在中国人的观念里，只要不出“五服”，就算是一家人，也

给长辈下跪拜大年

就是宗亲。做晚辈的要依照血缘关系由近及远的顺序，一家一家去给长辈拜年。

中国人重人伦，讲礼数。所以各家各户对给人们拜年和被人拜年都很看重，特别是长辈们，会留心哪家的孩子来过，哪家没有来，自己的孩子出去拜年，也要叮嘱不能有所缺漏。对于那些平日里有些矛盾的亲戚邻里，过年也是个机会，通过拜年，来化解矛盾。

黄涛说：“即使有的人吵架了，不和了，到了过年的时候，相互一拜年就没事了，就表示原谅对方了。”拜年，不仅拉近了朋友亲信之间的关系，同时也缓和了关系不好的人之间的矛盾。

虽然已经在城市里生活多年，但黄涛依然在心里保持着对家乡风俗习惯的尊重。大年初一，他和堂兄弟们一家一户地拜年。人到中年的黄涛，在村里辈分不高不低，在村里一圈绕下来要磕上几十个头。如果是一个十来岁的孩子，可能要磕头两百多次。黄涛说：“虽然我的裤子上沾的都是土，但是我觉得这种拜年是很好的形式，拜得值，应该去拜，因为能够体会到村民之间的亲密关系，兄弟爷们之间浓浓的亲情。”久离家，一朝回，黄涛积攒已久的乡愁在家乡的风俗里得以释怀。

两大家族在村口相互拜年

在古时候的祭祀仪式上，人们向神灵表达自己的礼敬，就采用跪拜这种庄重的礼仪。到了汉代，这种礼仪演变成人与人之间的新年祝贺的礼制。在河北、山东、宁夏、甘肃等地，许多村落还保留着这种跪拜的拜年方式。作为儿孙，在新年的第一天，双膝着地，匍匐而拜，向祖先、神灵祈求长辈平安健康，这既是在表达感恩的心情，更是在呈现孝道的文化！对于老人们来讲，这个跪拜也是他们最在意、最欣慰的家庭礼数。

乡村小路恰相遇，彼迎作揖同拜年，应是族亲，还且情长。黄庄村的两大家族在去给对方拜年的路上恰好相遇，彼此相视一笑，作揖拜年，祝福问候。于是温暖的亲情、乡情就弥漫在整座乡村。

泰戈尔曾说：“古老的种子，它生命的胚芽蕴藏于内部，只是需要在新时代的土壤里播种。”拜年的风俗在中华大地上传承了千百年之久。回望历史，依稀能看到喧嚣热闹的古代新年里，人们的广袖一撇，弯腰作揖互拜新年的画面。中国的文化精气神在古朴的年俗里隽永。拜年，拜的是礼敬相待，拜的是尊亲重孝，拜的是文明辉煌仪礼之邦。

拜大年，穿梭千年岁月，步履中华大地，正月初一一早，便是最浓烈的新春祝福。拂袖起身，赴大道，迎新兴。

落下闳——中国的春节老人

地点

四川省阆中市

《说文·禾部》曰："年，谷熟也。"

中华上下五千年来，历史长河浩浩汤汤，社会发展演变过程中，大部分的传统节日都会被附上一个传说，春节也不例外。关于过年的由来，大多数人从小听的都是关于"年兽"的传说，但实际上"年"的真正起源更多与农业相关。

新年伊始，全国人民走家串户，揖手作礼，祝贺新年，喜庆溢满了街头巷尾。与中国其他地方的风俗有所不同，在四川阆中，每逢大年初一，这里的人们除了到亲戚邻里朋友家拜年，还有一个特别的拜年去处——星座苑。初一一大早，老宋就来到了星座苑，给一位特殊的人物拜年。他就是被称为"春节老人"的西汉著名天文学家——落下闳。

老宋是土生土长的阆中人，是一位水利工程师。闲暇的时间，他热衷于研究当地的历史文化。老宋说："很多地方都知道有个万年历，传说在古代

四川阆中的老城区

落下闳像

有个叫‘万年’的青年，他研制了一种历法，被皇帝采用，就叫‘万年历’。这个万年历实际上就是由落下闳研制的太初历。”

在太初历出现以前，中国人过年的时间是不固定的，十月、十一月、十二月，以及正月都可以作为年。落下闳的这部历法，不仅明确了春夏秋冬的顺序，适应了人们春种、夏忙、秋收、冬闲的农业节奏，还确立了正月初一为岁首。公元前 104 年，“太初历”被当时的统治者汉武帝刘彻看到，并得到了他的赞赏，随后这部历法被颁布到全国。从此，正月初一便成了新年的第一天。

古代人们常根据历法安排农事活动，而落下闳创造的《太初历》是最具划时代意义的历法。后人通过他的历法确立了正月初一为“春节”，他也因此被老百姓亲切地称为“春节老人”。

落下闳是四川阆中人，因此四川阆中也理所当然成了“春节发源地”。为了纪念落下闳，每逢春节，当地都会请几位长者扮成春节老人的模样，到街上给孩子和游客赐福、发压岁钱，然后在鞭炮声和锣鼓声中游春。

在古城街巷里，大年伊始，人们常常会看到身着红色吉庆古装，

手持法杖，面容慈祥白发白须的老人，在忙着给孩子和游客送去祝愿和吉祥。今年老宋也有幸获得了这个机会。他穿上大红色的长袍，圆满的肚子在此刻凸现出来，尽显憨态。老宋打趣自己道："春节老人都瘦，我太胖了，应该瘦一点。"而后老宋被一群兴奋的孩子围了起来，厚重的棉服也盖不住他们身上的生动劲儿，冰天雪地里一呼一和，灵气尽显。

"都有了，都有了。"老宋也被这群孩子的情绪感染，分发满载快乐的红包，衬得老宋红光满面。

东有春节，西有圣诞，春节老人和圣诞老人，同样都是为了喜庆，同样都是长袍加身，同样都是为了赐予人们开心和幸福。人们在庆祝新年的真情实感上异曲同工，但中国的

星座苑观星楼

春节老人给孩子们送祝福

春节老人在历史文化的浸染下，多了几分仙风道骨，更添了几处中华风韵。

中国的春节老人，开启了中国年文化的历史，如今在民间更是化身为新年的象征，指引着人们追求更加美好的生活。

“过年好！春来了，节到了，春节老人来赐福了！”声声溢春色满城，年年愿福禄兴安。

抢头香
——拔得头筹，祈盼幸福

地点

陕西省黄陵县 / 山西省常平村

在传承了2000多年的中国传统文化中，年文化最多姿多彩。贴春联、剪窗花都只是按部就班，最为喜庆热闹要数初一拜神。拜神的方式多种多样，上香、敲钟、摆供等等，不过正月初一这一天，最有特色同时也最具代表性的拜神方式就是抢头香。

在人们的传统观念中，抢头香有着抢得先机，拔得好彩头，祈盼幸福的美好寓意。在当天，谁要是能把第一炷香插到寺庙香炉里，那就意味着今年的福气会落到谁家。为此，众多善男信女会在除夕的晚上，早早地在寺庙外排队等候，争抢这宝贵的第一炷香。但也有很多人认为，上香拜神重在“心诚”，不必非要抢得第一炷香。有着“心诚则灵”的信念，只要是自己在新年里上的第一炷香，都算头香，也会有着美好的祝福。在新年期间，香火最为旺盛的庙宇要数陕西的黄帝陵和山西的关帝庙了。

相传，在5000多年前，蚩尤为了争夺黄河流域内一块肥沃的土地发起了

供奉在关帝庙里的关羽像

前来抢头香的善男信女

形态丰富的礼馍

战争，使得人民苦不堪言。黄帝看到如此状况，和炎帝联合起来，凭借着人数优势打败了蚩尤，首次实现了华夏大地的统一。统一之后，黄帝便教导人民播种五谷、制造衣服、创造文字、作历法、制音律，为中华民族点亮了文明之光，因此黄帝也被后人称为“人文初祖”。为了纪念黄帝，人们建造了黄帝陵。从秦汉开始，中国人就有了在大年初一当天祭祀黄帝的活动，以此来祈求百姓安居乐业，国家繁荣昌盛。直到现在中国人也习惯称自己为“炎黄子孙”，为表对祖先的尊敬，很多人大年初一就会抢着去庙里给他们上香。

为了上头香，许多家庭从春节之前就开始精心准备祭祀用品。陕西黄陵县的王民政一家人早早就准备好了祭祀所需供品——花馍。陕西花馍，也叫礼馍，是当地祭祀黄帝时必不可少的供品。王民政做的花馍，形态丰富，除了有传统的虎、兔、牛、马等动物造型外，他还为祭祀黄帝制作了一些特殊造型的花馍。“它是以莲花

带着礼馍祭祀黄帝

为主。花馍上做这个蚕，是因为黄帝老婆嫘祖发明了养蚕事业。还有鱼和青蛙，用来衬托莲花。因为民间流传着这样的说法，‘要想富，蛇盘兔’，所以把蛇围绕着兔子盘一圈。以这些寓意来设计花馍，用来祭祀轩辕黄帝。”

大年初一的清晨，王民政一家穿戴整齐，带着事先准备好的花馍，开车前往黄帝陵祭拜。这是他家在新年上的第一炷香，因此全家格外重视。

在祭拜黄帝时有着“三叩首”的习俗。黄帝文化研究会的副会长何中升解释说：“这一仪式要表达三层意思：第一，向祖先汇报我们上一年度所取得的成就；第二，感恩祖先，感恩在祖先的保佑下，我们取得了一定的成绩；第三，向祖先祈福，期望祖先在新的一年里，能够一如既往地庇护我们。”

告慰昨天，感恩今天，祈福明天。这正是人们在正月初一拜神的初衷。一茬接着一茬香烟袅袅，一年接着一年，香火延续。

在与陕西省相邻的山西省，在初一也好不热闹，因为这里有着民间第二大信仰——关帝。这里的人们在初一当天去祭拜的是武圣人关羽。

关帝是中国第二大民间信仰，香火仅次于观世音菩萨。早在隋朝，人们就开始为关帝建庙。千年之后，中国各地的关帝庙早已不计其数，仅在台湾一地，关帝庙就有 500 多座，信众多达 800 万。即使在海外，也有许多关帝庙的踪迹。在中国人心中，关羽是“忠、义、信、勇”的化身，是亿万中国人的道德楷模。关羽不仅仅是一种信仰，更是中华传统文化的一个符号。

距关帝庙十公里外的常平村，是关羽的出生地，常平村人为了纪念关羽，专门为他修了一座关帝家庙。每逢大年初一，山东、河南、广东等地的关氏后人们就会齐聚这里，举行盛大的祭祖仪式。65岁的关德城是一位普通的农民，但他还有一个特殊的身份——关羽第六十八代后人。这些直系后代们，在每年的初一、清明等特殊日子，都会到这祭拜祖先。

关帝庙文物保管所特约研究员王西兰说：“中国人的春节，就是咱们说的大年初一，是个敬天法祖的日子。在这一天，我们敬自己的祖先，也敬我们心目中的神仙。关公不仅是这些关公后裔的先祖，也是我们中华民族的神仙，所以在大年初一祭拜关公，那是有双重意义的。关公是我们中华民族的一种精神感召，是我们的道德楷模，是我们学习的榜样，是我们的人格典范。”

黄帝是中国的人文始祖，大年初一奉以香火，奉的是一脉相承。而关公是中国最不可或缺的人文信仰，抢得头香，寻求庇护，也继承忠贞的民族气节和血性。纯朴的百姓对先贤的仰慕之情就托付在这延绵不绝的香火之中了。

“揽流光，系扶桑”。不见昔豪颜，应知英雄故。焚香拜告，冀得新正愿。

抢鲜水
——勤劳圣洁的民族习俗

地点

云南省大理白族自治州

不同的地域文化，孕育出不同的中国年俗。

在云南大理，集聚着一个少数民族——白族。白族的经济以农业为主，农业灌溉最不可缺少的就是水。因此，白族向来有崇尚水的文化。

大理当地流传一种说法，“洱海清、大理兴”，可见水是白族人心中圣洁和兴盛的象征，所以当地的村寨都依水而建。千百年来这里的白族人深信，水是他们繁衍生息的重要源泉，不仅为这里孕育了生命，也孕育了文化，由此形成了新年伊始“抢鲜水”的习俗。

“万物迎春送残腊，一年结局在今宵”。旧的一年过去了，正月初一马上就要来到，云南大理的家家户户都在忙碌，大家为正月初一的重要仪式——抢鲜水做足了准备。张世芳一家也不例外。

按照白族过初一的规矩，家里的院门要由女主人第一个打开。正月初一早上开门和平时有很大不同，女主人不但要手持香火，还要在开门后，大声

“洱海清、大理兴”——洱海

女主人开门言吉

说几句“吉利话”。

“开门大吉，恭迎四面八方财神，四季发财，生意兴隆，出入平安。”张世芳左手持香，右手开门正站大门中央，朝门外说道。院门打开后，女主人要把手中的香，分插在大门两旁和巷子里。这时，家里的年轻小伙子就要挑着水桶，出门抢鲜水了。

“鲜水”，指的就是新年里第一桶新鲜的水。

王富是白族文化学者，他说：“初一的时候必须抢鲜水，抢得鲜水就是有财源进门了，也就开门红了，就要发大财了。”抢鲜水，抢的不仅仅是水，还是新一年的好运气，新一年的“八方来财”。

按照当地传统，“鲜水”都是由家中未婚的小伙子来抢。不过在抢鲜水之前，他们还得先拜龙王，以感谢它的恩赐。拜过了龙王以后，刚才还不紧不慢的小伙子们一下子加快了步伐，全拿着水桶，争先恐后地冲到水井边打水。谁抢到了“鲜水”，就意味着谁抢到了好运，预示着全家一年都能顺风顺水。

小伙子抢鲜水

姜汤冲米花茶

水，生命之源。大理当地以抢鲜水的习俗表示对水的喜爱，对自然的崇敬。现在，农村生活逐渐富裕，走向了小康，家家户户都装上了自来水管道，喝上了自来水，但是人们对于水的崇敬却一点也没有减弱。每年的大年三十，白族人都会把家中的水缸挑满水，寓意旧的一年圆满结束。虽然水缸里的水是满的，但初一的早饭，不能用去年的旧水做，而要用新年的鲜水，这预示着辞旧迎新。

每家每户把“抢”来的“鲜水”挑回家后，便用它来熬姜汤、煮汤圆，做新年的吃食。王富解释说：“因为白族信奉佛教，讲究不杀生，所以白族人的早上一般就是吃汤圆，大年初一的时候也是吃汤圆。”

尊老爱幼是中华民族的传统美德，正月初一的早餐做好后，家人会请老人们先上座。年轻人手拿托盘，把一碗碗用姜汤冲的米花茶，恭恭敬敬地送到长辈手里。热气腾腾的米花茶，在寒冷的冬日，不但带给人浓浓的暖意，同时也带去了春节的问候。

仪式一一完成，剩下的时间就可以尽情欢乐了，村里年轻的女人们跳起了白族特色的霸王鞭。在各家各户喜悦的笑容中，在轻快的民族音乐中，在姑娘们欢快的舞步中，新的一年拉开了序幕。

素饺子——肃静的新年第一餐

地点
山东省莒南县

素白的天处处荡着寒气，冬风割面，寒冰封冻。

室内，刚端上桌的饺子热气腾腾，模糊了窗上的冰花，欢声笑语扰了冬的片刻清净。俗话说“好吃不过饺子”，提起新年食物，最具代表性的就是饺子了。饺子起源于东汉末年，是“医圣”张仲景首创。当时有一场瘟疫肆虐，到处都是流浪的人们，张仲景见很多老百姓受苦，忍饥受寒，耳朵都冻烂了，于是想要帮助他们。他试着用面皮将羊肉、花椒等驱寒食品包起来，分给老百姓吃。人们吃下后浑身发热，很快耳朵就好了。张仲景做这种药膳一直持续到大年三十。后来人们为了纪念张仲景，也为了耳朵不受冻，就定在大年初一这天吃饺子。时至今日，很多地方都传诵着“过年不端饺子碗，冻掉耳朵没人管”的民谣。

饺子，状如元宝，腹中大有名堂。各类“馅儿”混合在一起，混沌一堂，出锅后却是令人垂涎的美味。

山东莒南

在山东莒南县，这里的新年，是从一顿素饺子开始的。

莒南县的孙纤沥一家四世同堂，85 岁的老母亲，膝下有四个儿子、三个女儿。现在儿女们都已经在外地成家立业，但无论住多远，每逢春节，大家还是要回到母亲的身边，陪伴母亲一起过年。“儿行千里母担忧”，齐齐赴家共福荣，春节就是一个大团圆的日子。

大年初一的早上，全家人开始忙活着包素饺子。和面、和馅这些工作通常都会交给家里的女人来完成，男人们则负责去灶台架火、刷锅。分工明确才能确保饺子尽早上桌，因为当地有一个老礼儿，讲究正月初一的早饭一定要早吃，这被看作是一家人的勤劳品质的体现。如果吃晚了，被登门拜年的亲戚撞见，就会显得一家人都很懒散，家里的长辈会觉得很没面子。

初一包几样馅的饺子从来都是一个“老生常谈”的问题。在孙纤沥的女儿尹翠萍的记忆里，他们小的时候，哪怕是过年，也时常只有一种口味的饺子。“我们小时候，生活水平没有那么高，主要就吃一豆腐馅的饺子，大家都吃这一款。”尹翠萍边包饺子边回忆着说。

“现在生活好了，就多包几款。我家的孩子们就喜欢吃素的，韭菜馅的

种类丰富的饺子馅儿

比较有味道；而我们大人的口味还是小时候的那几款：豆腐、芹菜、粉条、白菜。”快速发展的社会，逐渐富裕的生活使得水饺馅儿种类变得丰富，但是不变的是蹚过历史河流却仍怀念前人的心，虽然朴素却历久弥新。

素馅饺子看似简单，但却包含丰富的寓意。白菜豆腐，寓意做人要清清白白；芹菜寓意新的一年工作要勤勤恳恳；韭菜则寓意一家人长长久久。其实无论哪种素馅，都代表着人们对新一年美好生活的祈盼。

做素饺子时还有一个讲究：饺子馅不能尝！平日里人们在调饺子馅时，为了确保咸淡适中，都要亲口尝一尝，但正月初一这天却不行。按照当地的传统，新年的第一口饺子一定要用来祭天。因为过去农民是靠天吃饭，风调雨顺人们才能吃饱穿暖。虽然已经时过境迁，但这里的农民对上天感恩的心却没有变。

经过全家人的通力合作，热腾腾的素饺子很快就出锅了。大年初一，祖孙三代聚在一起吃饺子，即使是毫无荤腥的素馅，全家人也吃得津津有味。于离家经久的儿女们而言，这饺子里不仅仅是咸淡适中的年味，还包含着家和童年的味道。

在莒南县，正月第一顿饭“不动荤”意味着不动怒，寓意在新的一年里能过上“肃静”的日子。过去一大家子人生活在一起，兄弟之间、妯娌之间难免有口舌之争，这样就影响了家庭和睦。家里的长辈，为了“肃静”过日子，祈盼“家外无官司，家内无纠纷”，所以讲究大年初一要吃素馅饺子，希望一年到头都清静，能够家和万事兴。年年如此，慢慢地也延传成了一种习俗。

怡清虽素年味浓，吞云聚整礼家亲。这舌尖上的美味素饺子，擀的是团圆，包的是亲情，齐聚一锅熬的是年味，盛作一盘汇聚的是家和万事兴！

黄粿
——祈盼新年五谷丰登

地点
浙江省龙泉下樟村

春秋代序，岁聿云暮。人们爱把在丰收季节里收获的粮食做成形式多样的食物，在正月里祭祀祖先、招待亲友。对朴实的农家人而言，热气腾腾的饭菜是最能烘托新年气氛的一笔。

在《说文解字》一书中，“年”被解释为五谷大熟之时。正月初一的饭菜，不仅寄托着人们对幸福生活的向往，还有对丰收的祈盼。

对于闽北、浙南山区的人们来说，正月里必不可少的食物就是黄粿。当地的人们认为，清香柔韧的黄粿代表了本年的丰收，预示着来年的希望，有着幸福安康的美好寓意。

“黄粿”的名称其实早有渊源。相传在唐朝末年，黄巢义军南征，在路途中大军需要穿越仙霞岭这片数百里渺无人烟的崇山峻岭、深山密林。黄巢因为担心途中断粮而十分惆怅。一天，黄巢在山里偶然遇到了一个樵夫，向他打听当地的食物。樵夫就给黄巢介绍了他母亲做的能保存数十日还营养美

樟下村村民为准备打黄粿泡制糯米

味的米粿。黄巢听后，十分喜悦，就下令动员边区民众制作米粿，备作军粮。自此以后米粿因为被黄巢军征用而闻名，民众也因为纪念黄巢起义而将这种米粿改名为黄粿。每逢新年，当地民众的宴席上餐餐顿顿都少不了它。

浙江龙泉的下樟村有着800多年的历史，这里的村民祖祖辈辈都把做黄粿当作是过年时全村最重要的一件事。平日里由于大部分年轻人外出务工而冷冷清清的小山村，在这一天开始变得热闹了。

黄粿利于保存，做好之后可以从正月一直吃到立夏，因此下樟村的村民们家家户户都要做黄粿，而且每家几乎都会一次性做上几百斤。按照当地的传统，谁家要做黄粿，全村的人都会过去帮忙。黄粿的制作过程漫长又费力：大米用清水浸泡后，在炒制时加入碱水，逐渐变成金黄色；再把炒成半熟的大米倒入蒸笼蒸熟；之后将其放入石臼中，用木棍捶打。虽然现在很多地方已经用机器来代替手工，但是这里的村民们却守着传统，将这个过程完成得谨慎而神圣。

冯骥才先生曾说：“人为的简化或淡化年俗，是文化上的怠慢与缺失。”或许只有亲临现场才能真的感受到，那些看似固守传统，实则守护中华千姿

切好的黄粿

黄粿的揉制和切段

百态文化的守卫者的光辉之处。

“我们村里有个说法：碱泡得好，黄粿做得就黄；泡不好，黄粿做出来就黑了。老人们说黑的就不大吉利，来年干活，心里就有个疙瘩。如果黄粿弄好了，黄澄澄的，就平平安安。”下樟村的村主任郑东升说。黄色的米粿，好似那金黄的明月，又似那累累的丰收，黄粿质量的好坏关乎着农民来年的幸福，一点疏忽都牵动着村民的心。只有在一敲一打中，农人由于对来年殷切期望而惴惴不安的心才会一点点落地。切切实实的一棰一棒下去，好似那殷殷实实的生活，朴素而又让人心安。

大人们为做黄粿而忙碌着，孩子们则在一旁企盼着，等着做好之后能趁热吃个新鲜。在当地的习俗中，第一块做出的黄粿是不能吃的，而是要用它来祭祀祖先，祈求新年里五谷丰登，于是之后做出的黄粿则成了人们争抢的对象。

25 岁的郑锡龙在新疆乌鲁木齐工作，每年到了做黄粿的日子，他都会回到老家，因为黄粿是他在远离家乡时最怀念的美味。他说：“每年村里面这

黄粿的制作

一天都要做黄粿。对我们小辈来说可能不是很会做，但是做黄粿让我们感受到了家里面独有的热闹以及我们当地独特的风俗，这些在外面过年是感受不到的。”久未归家的外出谋生者，在熟悉的民俗中找到了自己的归宿，这样的仪式感，属于新年，也属于压抑了一年的乡愁。

黄粿的制作往往能从露珠清透的清晨忙活到暮色渐浓的傍晚，做黄粿的人家要在晚上宴请前来帮忙的村民。点上一挂鞭炮，制作一桌热腾腾的饭菜，欢声笑语、杯盏交错中，有着村民间互助的温情，更有着对大自然赐予丰盛食物的感恩。

山脉绵延游子情，热气氤氲黄粿香。金黄灿灿，又是一个丰收年。

打糕——长白山下的年味

地点

吉林省延边朝鲜族自治州

龙泉人在品尝黄粿的同时，在千里之外的长白山脚下，另一种食物也被摆上了初一的餐桌。

气势雄伟、风光奇特的长白山下坐落着朝鲜族最大的民族自治州——吉林省延边朝鲜族自治州。这个地方风光绮丽，山清水秀，气候宜人，十分适合种植水稻。享有盛名的延边稻米就产于这里。山川灵域孕育好的食材，而好的食材成就美味佳肴。这清香扑鼻的稻米在心灵手巧的朝鲜族人手中变成了当地特色的美食——打糕。

打糕是朝鲜族最爱吃的传统食物，它的历史比较长了，早在18世纪朝鲜族的有关文献里就有了记载。文献中称打糕为“引绝饼”，并已经把它作为传统食物之一了。如今，每逢佳节或家中大事，打糕都会被拿出来招待亲友。

在延边朝鲜族自治州的春和村，大年初一的早上，村里大部分人家都会聚在一起过新年。按照朝鲜族的传统，大年初一是比除夕还重要的日子，因

长白山脚下的延边朝鲜族自治州

初一行大礼

为它象征着冬去春来、万象更新。这一天，朝鲜族人在吃饭前，首先要祭祖，祈盼家人平安、万事大吉。随后儿孙们会逐一向老人行大礼，祝他们健康长寿。

“爷爷奶奶，健康长寿。”孩童声音虽稚嫩，礼仪却施得庄重。

在这场隆重的家族聚会上，打糕是必不可少的食物。香糯软甜的打糕不仅能让全家人品尝到幸福的喜悦，更能咀嚼出年的味道。朱英玉是这个大家族中的一员，平日里她在艺术团当团长，工作非常忙碌，很少有时间照顾家，但每到春节，她都会全身心地投入到家庭中来，为全家人准备美食。这既是为了过一个热闹完备的新年，也是在补偿平日里无暇照顾家人的遗憾。

朱英玉说：“我们朝鲜族平时是不做打糕的，只在过年的时候会做，一年就这一次。我们小时候，米很难得，大家都是你家两碗，我家一碗，将米凑合起来做。打糕也体现了团结互助。”

“年年有余”之所以会成为美好祝愿，是因为在物资匮乏的年代，每到腊月，农民家的余粮都不多。虽然粮食宝贵，但在中国人的观念中，年大于一切。无论生活多么艰辛，邻里之间、亲朋之间，也要相互帮助，共同度过年关。因此，一块打糕，往往黏合了好几家人的温情。人们在分享美味的同时，也在分享新年的祝福。

朝鲜族的打糕是现做现吃的。将打好的糕切成小块，裹上豆沙或者熟豆

脆爽的辣白菜

朝鲜族男士竞相打糕

裹上豆沙的打糕

面，就可以吃了。嚼在嘴里，浓浓的米香与醇厚的豆香交织在一起，口齿留香。令人流连的味道，让打糕成了朝鲜族人民喜爱的经典的传统食品。

在朝鲜族正月初一的餐桌上，除了打糕这道重头菜外，还要配上筋道脆爽的辣白菜和香气四溢的米肠，才能算得上是有朝鲜族特色的年味大餐。

平庸的生命里也怀有庄重，潦草的生活里也内含温馨。当新年欢乐祥和的气氛越发浓郁时，能歌善舞的朝鲜族，会情不自禁地跳起来、唱起来。大家高兴地拍着手，歌声久久萦绕在屋内，让人不禁陶醉其中。美丽的朝鲜族人民，也用优美的歌声和舞姿庆贺新春佳节的到来。

新年的气韵，在长白山氤氲的雾气下，载歌载舞，在打糕黏糯的丝丝缕缕里被渲染到顶峰，如同绚丽的烟花穿入云霄，百般等待之后在这一刻迸发出了一个五彩斑斓的新一年。

春

春

第四章

乐在初二

曾经，传统的婚姻制度下出嫁的女子，并没有太多空闲，由于许多礼教的束缚而无法经常回娘家与父母、姊妹相聚，只有“大年初二”这特殊的一天能获得与娘家人的团聚。如今，随着时代与观念的发展，种种拘束已然不复存在，但初二这天对于出嫁的女子与娘家的重聚这一习俗却保留了下来。

在中国大部分地方，大年初二回娘家是很多人都要遵循的一个传统。每到这一天，匆匆赶路的女儿、倚门眺望的母亲在中国的街头巷尾、田间地头形成了一幅红红火火的正月走亲图。在天津，一碗浓香的打卤面融进了亲情，代表着“一等的幸福”；在阳谷，新女婿受到的“刁难”与精心招待，承载了父母对于出嫁女儿未来幸福的祝愿；在江门，“走仔日”的种种习俗依旧有着水上人家的独特传统，延续着娘家与女儿彼此不变的牵挂。

在福州的大街小巷，渔家女们挨家挨户唱贺年歌的身影成了独特的风景线，她们与各家回家“吃春酒”的女儿们共同歌唱。土家族的院落中，女人们头上鲜艳的头巾沾染着焜锅馍馍的香气，在尽兴歌舞时照耀出斑斓色彩。在畲族的漫山遍野，女子们编织着亮丽的彩带，在远古文字的图案中寄托了对美好生活的憧憬。

从南到北，从水上到山野，这一个个不尽相同的传统年俗代代相传着各地不同的历史和文化，蕴含着娘家的牵挂与女子的美好品德，让大年初二的“乐”欢快而温馨。

姑爷节——一碗打卤面中的亲情

地点
天津市

正月初二是中国传统农历新年活动的重要节点，历史上被称作“子婿日”“迎婿日”，俗称“回娘家”。

传说，大年初二回娘家是明太祖朱元璋为其女儿规定的。民间效仿皇家，在这一天已经出嫁的女儿也回娘家探望父母，成了过年的民俗活动之一。在近几十年里，天津逐渐兴起了名为“姑爷节”的独特“法定日子”，女婿们在初二这一天陪同妻子来到岳父岳母家拜年、尽孝。从20世纪七八十年代开始，姑爷们陪妻子回娘家，都要提着两盒点心、两瓶好酒、一份水果等礼品，到了90年代，逐渐形成了称初二为“姑爷节”的习俗。

一家人一起吃一碗打卤面是“姑爷节”里的必备环节，也只有在天津，面才能被吃成宴席。何玉新在《天津往事》中曾提到“早年间的天津捞面，要分高中低三档，但不管哪个档次，都十分精细。”天津最有名的是“四碟打卤面”。“四碟”指的是一碟海鲜菜、一碟滋味酸甜的菜、一碟炒鸡蛋和

热闹的天津古文化街

天津传统美食——“小八件”

一碟菜码，打卤则是“咸”与“鲜”的完美交融，可以说是想得到的好东西全往卤里走，看得见的时令瓜菜全当菜码。这一桌煞费苦心的打卤面汇聚了父母爱子女的浓浓心意，承载了独属于“家”的亲情与关爱。

在传统文化不断被现代流行文化冲击的情况下，一座城市能多年来一直保持自己的独特年俗，既有人们的坚持和热情，也有这种传统自身独特的魅力。一碗打卤面里蕴含着不言而喻的亲情，而姑爷节承载着父母与后辈的相互思念，是一家人团聚、其乐融融的好日子。

在姑爷节这一天，街头巷尾车辆拥堵、人流如织，对于有女婿的天津家庭来说，甚至比初一还要热闹。做父母的往往从前一天晚上便沉浸在甜蜜的焦虑中，而做女婿的则早早就摩拳擦掌，准备在岳父岳母面前好好表现。

在张家窝镇，初二这天不到九点，张砚云和任树芬老两口不断看着表，难以抑制对女儿“携夫带子”而来的期盼。张砚云看着老伴忍不住想打电话的模样，笑了起来，直言自己“从昨天夜里起，一想到明天孩子们来了，心里就高兴！”

不多时，怀着身孕的大女儿与三女儿两家人同时进了门，家里顿时热闹了起来。对于国企退休工人的张砚云和曾是乡村医生的任树芬而言，靠着辛苦工作把几个孩子抚养成才，没有什么比看着孩子们现在的日子过得顺顺当当更让他们高兴的了。想到这个大家庭又要添丁进口，老两口更是笑得合不拢嘴。

随着二女儿一家进门，这个家里的三位姑爷都到齐了。按照传统，女儿女婿们依次将自己准备的“姑爷节礼品”拿了出来。大女儿拿出了最为传统、

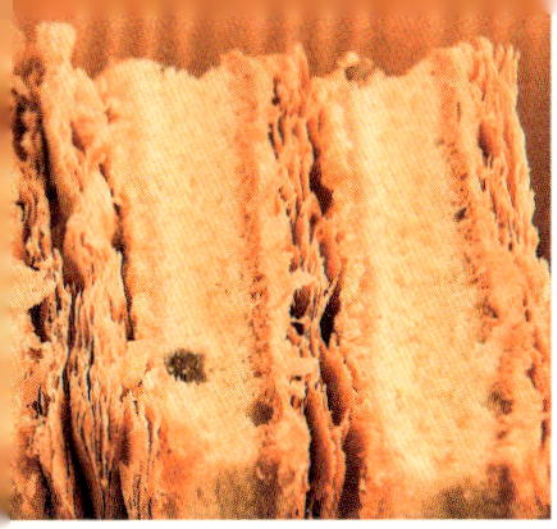

寓意着“福、禄、寿、喜、富、贵、吉、祥”八种美好愿望的“小八件”；二女儿为父母买了裤子以表“正月买裤，越过越富”的好彩头；三女儿则是出于“玉养人”的心意为母亲买了个玉镯，三种不同的礼物都蕴含着最为珍贵的亲情与祝福。对于张家的老两口来说，女儿送什么礼物并不重要，他们期盼的是子孙绕膝的那份温情与欢乐。

在女儿们按照传统出门走娘家亲戚之前，任树芬先将大年三十就包好的饺子拿了出来。大年夜女儿们不在家，这顿象征团圆的年夜饭就不算圆满。老两口把饺子多做一些留下来，等女儿女婿回家的时候吃上一口，这家人才算真正团圆了。浓浓的亲情全在这盘饺子中。

“三十合家欢乐吃饺子，我也不能忘了我这几个闺女跟女婿。给他们留一点，这样不管到哪里去，他们都知道还是这个大家庭里的人。虽然女儿们出门子了，还是这个家庭的一员！”

大年初二是全年里街上最热闹的一天，因为女儿女婿们回娘家，儿子儿媳妇们去丈母娘家，相当于所有家庭的所有孩子都出动了。在天津市里，街上人头攒动，人声鼎沸，因此有人说，大年初二最忙的人就是出租车司机和交通警察。

“现在私家车普及了，一半以上的姑爷都有自己的私家车，开着自己的车就可以去了”，天津社科院研究员罗树伟对此生出些许感慨，“但是在10年20年以前不是这样的。那时候除了乘公交车之外，可能要打车去老丈人家。打车司机一看这种情况，甚至不收他们车费，为的就是保证姑爷和妻子到老丈人家里过一个团圆的年。所以我认为这也是充满了人情味的一个节日。”

趁着孩子们外出拜年的间隙，当天的惯例打卤面也就抓紧忙活起来了。老两口特别强调天津人有喜事必须有面条。初二闺女们都来了，这是大喜事，是离不了“喜面”的。

女儿女婿拜年归来，面与菜码也差不多准备齐全，宴席也就摆开了。人们常说“一个姑爷半个儿”，姑爷节这天，做岳父的要好好招待上门的女婿，而做女婿的也要在岳父面前好好地表现一番。

“在单位要带个好头，给子女也带个好头，感谢现在这个安定和谐的局面。”

“您就放心吧！”

张砚云与三个女婿围坐一桌，换盏推杯间有身为岳父对女婿的谆谆叮嘱，也有女婿让老丈人踏实放心的承诺。这是一个大家庭里家庭成员之间彼此的维系，是亲情与责任的结合与体现。酒过三巡，“姑爷节”的重头戏就到了——全家要一起吃一碗热气腾腾的打卤面。一大家子围坐一起吃捞面，吃的是温馨，吃的是喜庆劲儿。

作为一家之主的张砚云被女儿、女婿、外孙们围住，笑得合不拢嘴，言语间充满了因国家繁荣昌盛、合家欢乐团圆而产生的幸福感。他像往年一样亲手给每个晚辈的面碗里浇上了卤，在这一个简简单单的动作里，将长辈对晚辈的慈爱、祝福淋漓尽致地表达了出来。

“子女围在一起吃碗面条，这是一等的幸福！”

“姑爷节”里满门喜乐，打卤面中饱含温馨。“姑爷节”之称，有戏谑更有疼爱，这个习俗的诞生和传承可以说既能体现出天津人的幽默性格，也是家庭和睦的重要黏合剂。

张家的幸福美满是千千万万户天津家庭在“姑爷节”这一天的缩影，沉浸于打卤面香味的天津人，带着满足与欢乐、品味着融融亲情里的幸福。

回娘家
——水上人家的古老风俗

地点

广东省江门市

常言道“树有根，水有源，饮水要思源”，正月初二这天，女儿回娘家几乎是全中国人民的习俗。

在潮汕方言中，“走仔”指的是女儿，当地人将姐妹们相聚娘家的日子称之为“走仔会”，大年初二就是潮汕地区的“走仔日”。这天，嫁出的“走仔”和夫婿要回娘家给父母“拜正”，所以这天也叫“仔婿日”。潮汕民间有“正月仔婿，二月韭菜”的俗语，说的正是二月的韭菜最鲜嫩，作为仔婿去给岳父岳母拜年，也必是穿得光鲜漂亮，以示对长辈的尊敬。

地处珠江三角洲的江门，自古以来很多当地人靠捕鱼为生，世世代代居住在船上，也因此逐渐产生了特殊的民俗习惯。虽然如今当地居民大都已经搬往岸上居住，在习俗上却依旧按照传统。

江门市民冯带妹家总共有五个子女，每到年初二这一天，两个儿子就去岳父岳母家拜年，而三个女儿则是要回家过年。按照当地的讲究，冯带妹一

提着礼物回娘家

早完成了祭拜祖先的仪式。因为这个仪式女婿不能参加，所以必须要赶在女儿女婿还没回家之前完成。

在这个曾于水上生活了30多年的家庭，女儿们带回娘家的礼物依然是按照水上人家的传统置办的。其中必不可少的是鲤鱼，表示不忘在水上长大的日子，承载了对娘家来年可以鱼米满仓的美好期许。

“我陪妻子回娘家。他们以前是水上人家，都是按多年来的习俗回娘家拜年。”陪同妻子回娘家的江门市民甄洲行举起两手拎着的礼物展示，“取个好意头，鸡代表的是生气十足，鱼代表的则是年年有余。”

由于平时的工作都比较忙，三个女儿能够一起回家看望父母的机会并不多，因此“走仔日”所带来的幸福感自然不言而喻。随着一个又一个脸上洋溢着笑意的人走进家门，不一会儿，一家人就到齐了，屋里顿时热闹起来，充满了家常烟火味。女儿与女婿围坐身边，外孙和外孙女们抢着盒子里的点心。在一家其乐融融的温馨氛围里，老两口笑得格外开心。

全家举杯欢庆

江门的水上人家

“我们这儿，年初二女儿回来，各个都很高兴。”冯带妹回忆着往年，缓缓讲述自己记忆里对本地传统的印象，“吃过饭大家有时打打牌，一起玩，陪陪父母。路远的当天就不离开，直接住下了。”

有着在水上居住经历的人家，习惯的生活方式与陆上人家有着许多不同，在年俗上也有异于其他地区。在广东大部分地区，女儿在大年初二当天吃过午饭后，必须要在太阳下山之前回到婆家，而在江门等地的女儿回到了娘家则是要住上一晚的。这个习俗与江门百姓过去的生活环境有关。以前的水上人家大都居住在船上，交通很不方便，因此女儿回到娘家都会陪父母住上一晚。

冯带妹的女儿梁帼雄回想起自己儿时跟着母亲回娘家的经历，兴致勃勃地说：“记得在我们小的时候，妈妈领着我们去外婆家。小孩子玩闹了一整天之后，就在外婆家住一个晚上。因为外婆家比较热闹、有意思，第二天要离开时都不情愿走了，最后一定要回去的时候也满心不舍。”

如今，交通变得十分便捷，生活上的富足也让江门大多数“水上人家”上岸定居，但是带着丈夫和儿女回娘家住上一晚的习俗却被保留了下来。

在回娘家的日子里，江门地区的这份独特记忆携着过往水上年月里父母与女儿之间的深深思念，延续着女儿与娘家彼此不变的浓浓牵挂。

回门——新女婿最『大』

地点
山东省阳谷县

位于山东省西部的阳谷，隋朝置县，古已闻名，是一座千年古城。阳谷县人文荟萃，注重礼仪，女儿和女婿回门时的习俗具有特色。对于当地人而言，新女婿初二回门是一件不亚于嫁闺女的隆重大事。这一天，新女婿会受到特别的礼遇。

在文化底蕴深厚的阳谷，新女婿回门这样的大事自然要礼数周全。高庙王镇仓上村的张家提前一天就开始搭棚垒灶，为第二天招待女婿的大席做准备。每当这种时候，要忙活的事情总是很多，但是作为岳父岳母却不需要太操心，因为按照当地的风俗，这些礼仪上的事情都会有本族兄弟或热心的邻居来帮忙打理。这些非常了解传统习俗和规矩的人被称为“明白人”。

村里的丁祥祺正是这样一位“明白人”。初二一大早，他就开始忙前忙后，做好了一切准备。

张家的女儿小丽和新姑爷小姜是第一次初二回门，小姜的一些朋友也同

隆重的礼物

行前来“助阵”。一行人在接近中午时进了村口，还没等他们走进家门，闻讯赶来的邻居就站满了院子。

对于新女婿小姜来说，这次回门和平时不太相同。首先他要郑重向岳父岳母表示“谢意”，感谢他们将女儿嫁给自己，因此在礼物的准备上也格外“隆重”。小姜为岳父岳母准备了一种在当地流传已久的传统礼盒，里面放着鲤鱼、猪肉还有馒头。

由于这是小姜第一次在年初二回女方家，所以受到了特别的款待。不管是吃饭，还是在家里闲聊，小姜都坐在上座，这是新女婿才能受到的非常礼遇，也是身为女婿一生中仅有的一次。这种珍视，包含着岳父岳母的关爱与期望，也提醒着新女婿为人丈夫所要担起的责任。

临近中午时，小姜被请上了宴席，这场在当地被称为“三搓桌”的大餐也是新女婿独享的招待之一。在这一顿饭里会换三桌菜，每一桌都有各种丰

新女婿回门的“隆重”礼盒

过桥三杯酒

丰盛的宴席

盛的美味佳肴。

看着有些腼腆拘谨的小姜，丁祥祺笑着对他说道：“你今天是最尊贵的客人，咱这桌你就是主角！今天几位长辈来陪你，就是比你年龄大的也坐不了上首，这是唯一的一次特殊招待，以后不是新女婿了可再也享受不到这个特权了！所以好好地享受这个待遇吧！机会难得！”

换盏推杯之间，第一桌很快就吃完了。在第二桌菜上来之前的间隙里，小姜和朋友们被领到了门外。这时若要想重新进门，必须要喝进门酒，这个“小关卡”在当地被称为“过桥”。

张家的亲友们将一个长条凳拦在了小姜一行人面前，给凳子上的三只杯子倒上酒后对小姜示意道：“依照咱这的风俗，喝三杯酒。喝完三杯，你过去；你不喝，就过不去！一共三杯酒，三杯必须干！”

“过桥”看似在有意刁难新女婿，其实只不过是与他玩笑，拦路的人并没有真的阻拦，酒杯也只倒了半满，如果不胜酒力，还可以找人代喝。小姜在连干三杯之后被放过了桥，这时，另一桌丰盛的佳肴已经在屋内迎接他们了。

第二桌的佳肴里有四道当地必不可少的名菜，丁祥祺依次介绍着它们：“清蒸鸡，寓意大吉大利；糖醋鱼，寓意年年有余；红烧肉，寓意大富大贵；虎皮鸡蛋，代表甜甜蜜蜜。”

这一桌席的高潮部分是岳父向女婿敬酒，这种长辈敬晚辈的习俗在中国的传统文化中十分少见。由此可见，新女婿在这一天里的地位有多高。

随着新女婿喝完岳父的酒落座，桌上换上第三桌宴席。到了此时，新女婿终于可以安心地享用这顿香味四溢的大餐，同时这也意味着他一生最重要的一次回门接近了尾声。

宴席已过，“回门”结束。在女儿与新女婿即将离开的时候，长辈会回赠一份礼物，其中就包括女婿带来的馒头。此时新娘要背对着装馒头的筐，尽力一把多抓出些馒头带回自己的家。按照当地的说法，抓得越多，来年就越有福气。

娘家人在回门时以特殊的礼节招待新女婿，为的就是以后女婿能对女儿好一些，希望女儿能够受人珍视、家庭美满。对新女婿的重视，承载着父母对于新婚女儿的关爱，也包含了对后代生活幸福的祝愿。

吃春酒

——记忆中妈妈的味道

地点

福建省福州市

大年初二回娘家的习俗或源于中国古代的传统观念。古人们认为，家中已逝的各位老祖宗，年底的时候会从天上回家享受子孙的供奉，到了大年初一晚上才会离开，但是老祖宗们如果看到家里有“外人”，就不愿意进门了。由于古时候嫁出去的女儿会被认为是“外人”，所以她们只能在大年初二老祖宗离开后，才能回到自己的家中给父母拜年。

在福建省福州市，人们将女儿女婿回娘家团聚称作“吃春酒”。家住闽侯镇联心村的林贵英今年 69 岁，她靠着种地和做喜娘养大了三个女儿。如今女儿们都已成家，“吃春酒”对林贵英而言是件大事。

大年初二这一天，林贵英心情格外好，一大早就开始磨豆浆、和面团，厨房里也早早传出了菜肴的香气。临近饭点时，为了迎接三个宝贝女儿，林贵英还特意换上了自己最喜欢的一件衣服。在一身红色中国风唐装的映衬下，她显得格外有精气神。

亲自推磨为女儿们回家准备食材

三个姐妹手挽着手一同进了门，纷纷高喊着："妈，我们回来了！"看到母亲准备好的饭菜，她们感到格外的温馨，好像又变回了童稚可爱的小女孩，"你都准备了一大桌饭啦！"

女儿回娘家，给父母的礼物是必不可少的。东西贵重与否并不重要，子女们选择礼物时最为看重的是能表达自己浓浓的心意、感念养育之恩，同时传递吉祥和祝福。

"这个是'福橘'，代表长福长寿、吉祥如意、新年都有好运气！祝妈妈身体健康！"陈秀兰将一袋橘子递到母亲手中，而对林贵英而言接到的则是女儿送来的一兜福气。

围坐在热气腾腾的一桌饭旁边，一家人举杯共饮，陈秀兰领着姐妹们唱起了歌，在"找点空闲、找点时间，领着孩子常回家看看"的

母女团圆的欢喜

渔家女来唱贺年歌

歌声里，屋里的气氛愈加热闹起来。就在林贵英一家人红红火火地“吃春酒”时，门外忽然传来了一阵歌谣声，只见两个女孩儿一边唱着歌一边走了进来。

不同于《常回家看看》的流行乐风格，两个女孩儿的歌声颇具当地的民俗风情。福州地处闽江下游，从古至今渔业都很发达，形成了丰富多彩的渔民文化。在福州，每到大年初二这一天，渔家女便会穿着新衣，三五成群结伴上岸，挨家挨户地唱贺年歌。所到的人家则会热情地招待她们，赠送糕点，互道新年贺词。

林贵英一家见到渔家女儿们也是十分高兴，不仅拍起手应和，还跟着一起用方言唱了起来：“金鸟啄草来报恩，共产党恩情比天高！”

在独具特色的歌声里，可以感受到当地人在平凡岁月里渔歌互答的纯粹欢乐，一方水土的风土人情也淋漓尽致地展现了出来。

中国的年图的就是一个“乐”字，在初二这个特殊的日子里，亲情和欢乐浓缩于回到娘家的一天，这展示了中国人无限的感恩情怀，也演绎着中国礼仪的厚重和魅力。

吃春酒，是回味记忆中妈妈的味道，也是母女之间的欢乐与温馨。

土族过年

——幸福的回家路

地点

青海省互助县

中国广袤的大地上生活着许多民族，在新年伊始共同的喜庆与热闹里，各个民族也都保留着自己的风格。在初二“回娘家”的习俗中，土族人民就有着自己的特色。

大年初二当天，青海省互助县卡子村的土族青年牛建洪和他的妻子一大早就为回娘家做起了准备。按照当地的习俗，他们要准备一种特殊的礼物——焜锅馍馍。焜锅馍馍作为中国西部地区很受欢迎的一种食物，在拜年的时候，带去长辈家，不仅表示出诚意，更是对长辈的敬重。

牛建洪与妻子一同揉着面团，一边介绍说：“这个馍馍是最重要的新年礼物，可以传递亲情，必须拿上。我们两个人在把它做出来的过程中付出了劳动，带去长辈家，可以表示尊敬。”

焜锅馍馍做起来并不复杂，对于牛建洪与妻子而言已经十分熟练。他们把面团拍成面饼后用一层菜籽油涂匀，再抹上红曲、姜黄等有鲜明色彩的佐料，

在面上洒上酱后卷起来再切开

将其层层叠叠地卷成长条形的面卷，之后再切成小段，放入铁锅中进行烘烤。

在牛建洪与妻子忙碌的时候，他的老丈人家里也在为迎接女儿女婿的到来而热闹地准备着。厨房里，妇女围在一起制作当地有名的小吃——小包子看着案板上整齐摆放着一排又一排造型各异的小包子，她们自豪地说："过年的时候主要包三种包子：菜包子、肉包子和糖包子。菜包子香，糖包子甜，这两个做起来的样子不一样，吃起来各有各的滋味。这些东西只有在过年的时候才做，留给尊贵的客人吃。"

这边一笼笼包子上了灶台，那边色彩鲜丽的焜锅馍馍也出锅了。牛建洪一家忙带上热乎的馍馍前往老丈人家。

随着丰盛的饭菜逐渐摆满了炕桌，一家人终于齐聚一堂。妇女们头上都包着头巾，明亮的色彩将室内映照得十分温馨，而家中的女主人麻宝梅头上戴的则是土族的传统头饰"适格扭达"，显得尤为威武干练。在喜庆热闹的气氛里，晚辈请长辈上位后恭恭敬敬地端上了奶茶，敬茶之后依次磕头拜年。按照习俗，麻宝梅就在这时将包着红布的压岁钱发给晚辈，向孩子们传递吉祥、送上祝福，同时不忘叮嘱着："好

还没烤制的焜锅馍馍

好读书，长大以后要孝敬父母。”

家中的拜年告一段落，而对于土族的男人们来说，他们还要在村中年长者的带领下做一件重要的事情——带着各式各样的祭祀物品前往神山“祭敖包”。此习俗主要流传于蒙古族，而土族是成吉思汗属将的后裔，与蒙古族有着很深的渊源，因此在习俗上与蒙古族十分相似，正月里也有祭敖包的传统。

“敖包”是蒙古语，又被称为“鄂博”，原是指在游牧交界之处及道路上用石块或泥土堆积起来以作标记的石堆或土堆。在《清会典》中曾提到：“蒙古‘游牧交界之所，无山无河为志者，垒石为志，谓之敖包’”。古时候，茫茫草原，辽阔无边，天地相连，方向难辨，因此，游牧于北方草原上的匈奴人就以石块堆成敖包作为道路或牧场边界的界标，以此在广阔的大草原上辨别道路、区分游牧场地。后来敖包逐渐被视为神灵的居所，如方观承《从军杂记》所云：“峰岭高处，积乱石成冢，名鄂博，谓神所栖。”并作为崇拜物加以祭祀和供奉。久而久之，形成了“祭敖包”这个流传至今的古老风俗。人们在敖包前焚烧松柏以祈求路神和山神降临人间，给人们带来幸福生活。

领头的卡子村村民牛得奎穿着土族的传统服饰，介绍道：“今天我们聚在一起是去祭敖包，这个仪式主要目的就是祈求神灵保佑村子一年四季平安健康、风调雨顺。从正月初一到正月十五每天都有这样的活动——献哈达、煨桑、散禄马。祭拜一下，我们村一年四季都能平平安安。”

虔诚的叩拜结束，所有人在长者的带领下排成一队，按顺时针方向围绕敖包转圈。他们转圈的过程中对上天祈福、诉说心愿，还要向天空上抛掷他们特制的纸片。传说这种纸片随风飞得越高越远，他们的愿望就越能够实现。随着一张张纸片在蓝天中上下翻飞，人们心中的美好祈愿也迎着新年的风回荡在天地间。

当男人们在神山上祭敖包结束回到家中后，一家的男女老少都穿上了节日的土族盛装，所有人聚到门前的庭院里，围着圆圈乘兴舞蹈、尽情欢笑。醒目的华裳随着人们的舞动而为庭院增添了亮丽的色彩，化作了明媚的笑颜展现在每个人的脸上。对于土族人民而言，幸福的路就在每一个人的脚下。

畲族过年
——彩带编出七彩梦想

地点

浙江省景宁畲族自治县

景致宜人的景宁县隶属于丽水市，位于浙江西南部、洞宫山脉中段，属浙南山地中部，是全国唯一的畲族自治县。生活在这里的畲族女子在正月里有着特别的传统，她们并没有初二回娘家的习俗，但是却有着一样独属于女性的活动——织彩带。

彩带是畲族民间工艺品中最具有民族特色的一种民间工艺品，既是美化衣着的装饰物，又可以作为腰带、背带等生活实用品。畲族彩带图案复杂精美，编织前需要精心设计、打好腹稿，编织过程更耗工巨大，多则数月，少也数天。就投入的精力与心血而言，畲族彩带是很珍贵、很难得的民间工艺珍品，因此也被用于畲族青年男女定情兼顾驱邪纳福的吉祥物品。

当畲族姑娘长到六七岁时，母亲就会教授如何织彩带。畲族妇女代代相传着本民族编织艺术的精湛技艺，她们喜欢佩戴和使用自己织的花带，并且引以为豪。彩带以丝线编织为主，却并不需要用特制的织带机，在屋内屋外

畲族年轻人的摇锅比赛

把美好的祈愿织进彩带

乃至山野都可编织。若在屋内编织，就把丝线的一端拴在凳脚、桌档或屋柱上，另一端系在自己的腰间，坐在凳上编织；若在山野编织，可把丝线的一端拴在小树树干或树桩上，另一端仍束在腰身，或坐或跪在地上编织。新年伊始，畲族的女子们开始忙碌起来，将对生活美好的祈福密密地织进彩带，赠予亲朋好友。

彩带上编着各式的花纹，或单种重复，或多样组合，色彩鲜艳，织工精细，具有畲族独特的艺术风格。

年近半百的蓝延兰出生于彩带编织世家，她的外婆是清末时著名的彩带编织艺人。从小跟在外婆身边长大的她6岁起就开始学习织彩带，如今，她编织的彩带在当地已经家喻户晓。蓝延兰编织彩带的经验十分丰富，对于彩带的纹饰也甚为了解，她挑了几个最基础的图案向我们介绍道："一般常用的有代表诚心的'王'字、代表敬日的'万'字，还有代表继承事业的'田'字……"

畲族传统彩带的织纹图案，源于四五千年前的"意符文字"，这些远古的文字因千百代畲族女子的传承而保留下来，里面承载着远古时代畲族先民的祈福信号，寓意着金玉满堂、花开富贵，风调雨顺、平安长久。

随着编织技术的发展，如今较为复杂的图案也已经十分常见，如"十三行""水击花""五字带""铜钱帮""万字花""蝴蝶花""蝙蝠纹"以及祈盼吉祥的文字"风调雨顺，国泰民安""百年好合，五世其昌"等。对于畲族的女子来说，彩带编织的精致程度是衡量她们心灵手巧的标准，而彩

屋内屋外皆可编织彩带

带上的每一个图样，都蕴含着女子们对于未来的美好憧憬。

少数民族人民不仅手艺高超，而且能歌善舞，不少民族都有在春节期间对歌的风俗，畲族也不例外。畲族的女子们在织彩带的闲暇之余，也会和村寨中的男人们对上一曲，你来我往之间，清亮婉转的山歌就把畲族人的新年装点出了浪漫的色彩。

村落里回响着悠扬歌声的时候，一项对于畲族年轻人来说更有吸引力的特殊比赛也正在火热进行着，这就是畲族的传统娱乐项目——摇锅。这种娱乐活动是一人站在锅内，靠双脚来控制大锅前进或者后退。技艺高超的人还可以玩出更多的花样。

“摇锅”的诞生与畲族人在新年时家家户户要做年糕的习俗有关。为了使年糕能够保存更长的时间，畲族人喜欢在其中添加一种植物碱。制作这种植物碱时，畲民们会到山上砍下新鲜枝叶，现场用一口大铁锅进行烧制。烧制完成后，需要把这口大锅搬回家中，在这期间便产生了这种娱乐活动。对此，景宁村民陈锋解释道：“小孩子看到这个锅，经常会到里面去玩乐，慢慢形成了一种游戏。农民们受到启发，‘摇锅’也就逐渐演变成了把锅背回家过程中搬锅的一种方式。”

俗话说，一方水土养育一方人，这与众不同的传统年俗承载着独特的历史和文化，而对这些年俗的代代相传，则是对文明的尊重和延续。

畲族过年，彩带编出七彩的梦想，摇锅摇出欢乐与安康。

第五章 玩在正月

三十晚上，辞旧迎新之际，年的氛围达到最高潮，为独属于正月的玩乐拉开了序幕。从孩童手中的风车、布老虎，到舞龙、年戏等特有的娱乐，正月总是弥漫着欢乐的气息。而家人们拜年或祭祖的传统，则体现着祝福的彩头与慎终追远的庄重。

源远流长的祭祀文化里，舞总是不可或缺的。黄土地上锣鼓铿锵起蓬勃，神州之域秧歌扭动着喜庆，千载流传的古老傩舞奔腾出隽永，一只只舞狮更是在翻滚跳跃间翻涌起生机与活力。

人群熙攘的街道，龙灯起舞如游，将祥瑞送到家家户户。一盏盏宫灯或精巧雅致，或灵动有趣，为各地的夜晚带来明光。琉璃仙境建起在东北冰雪大地之上，而庭院里燃起的旺火，红兆吉祥，暖意与福气都在火苗的跃动中越来越旺。这是火在正月里为人们带来的欢乐。

乘兴热闹过后，传统美食的香气飘荡在了大街小巷，有苗族珍贵的“鼓藏肉”，也有东北长辈为家中晚辈制作的“拴腿面”。而在温馨团圆的家中，一颗颗汤圆承载着团圆美满的意象，为相聚的时刻增添了甜美。山西人为“老鼠嫁女”准备的莜面，蕴含着人们对传说、对生灵的敬畏。正月里的美味既蕴含了人们对重大节日的重视，也寄托着对后代的关爱与牵挂，让自己童年的味道也成为下一代人美好的记忆。这正是传承的意义。

各地的人们用自己的方式挥洒着热情，不同的习俗有着同样的喜庆与热闹。在看似娱乐的玩闹中，缄默已久的情感得以抒发表露。正月的意义已经不单纯是某种年俗或某场玩乐，而更是一种对生命寻根溯源的无尽追求和对亲情血脉的无限传承。人们在新年伊始寻觅过往，古老的风俗与美食以历史的厚重承载起对未来的祈愿。

庙会——新春快乐集散地

随着新禧的到来，忙碌了一整年的人们终于有时间享受平时难得的空闲，街巷上热闹的欢笑声与通明的灯火，往往会在正月里奔涌向同一个地方——庙会。

从字面上看，“庙会”似乎是与宗教文化相关。而实际上，最初的“庙”是指供奉神灵尤其是祖先神灵的建筑，并非道观寺庙；而“会”早期的意思是诸侯与天子，或诸侯与诸侯之间的会见，后来指为了参加佛教、道教的宗教仪式而举办的集会。因而“庙会”最初是指在宗庙附近的聚会，或为了祭祀神灵，或为了参加在某个特殊日子举办的宗教活动。

在祭祀神灵的过程中，人们会举行一些祭祀仪式，例如歌舞表演、进献贡品、演奏音乐等等，这样热闹而繁多的仪式大概就是庙会的雏形。随着时间的推移，每逢年节祭祀之后，人们在庙宇周围会集中演出一些精彩的歌舞、戏剧，商贩们则在一旁搭起临时的摊子，卖些好吃好玩的东西。因为参加祭

大红灯笼和寓意“连年有余”的鲤鱼挂饰

祀活动是大事，所以人们都会多带一些钱，买些东西。商贩越来越多，生意也越来越红火，庙会便由此形成。在庙会里，人们会见到形形色色的民间艺术形式，因而庙会便作为中国民族风俗的载体，承载着浩如烟海的民间文化。

游览庙会，收获的不仅仅是快乐，还是领略中国民间艺术与特色的民俗文化之旅。在这里，可以看到众生百态，趣味万种。

古人的传统中，他们相信正月的富足预示着来年的生活殷实，所以在春节庙会上买东西时是不能还价的，这就让商家获利丰厚，春节庙会也就成为中国传统中最盛大的吃喝玩乐集散地。

庙会不仅有一般集市的属性，还拥有寻常集市所不具备的特殊意义。在庙会里，一些独属于春节的玩意儿悉数登场，龙灯、福字、布老虎……这些平常并不显眼的东西因为附上了春节的喜庆而格外引人注目。它们背后蕴藏的民间故事往往伴随过每一个孩子的童年夜语。徜徉于庙会的灯火中，借着熟悉的物件重温一桩桩神秘的传说故事，劳动人民质朴的浪漫氤氲成无形的

笔墨，落笔在庙会这叠穿越千年岁月的厚厚纸张上，往来的欢笑织成密密的网，借着商贩兜售的玩意儿把一年的忧愁全都筛落。

旧时乡间有着“高搭戏台过庙会”的俗语，由此可见，娱乐性的演出也是庙会中的重要点缀。在娱乐活动极为匮乏的古代，庙会时的戏曲演出对百姓有着极强的吸引力。每逢庙会开庙搭台唱大戏的时候，赶庙会的人们便络绎不绝。台上大幕拉开，演员登场，在锣鼓的唱和声中甩出悠扬唱腔；台下人头攒动喝彩连天，大人们抱着似懂非懂的孩童为这难得的放松喝彩。这样的情景在热闹之余更多几分温馨，忙碌一年的人们因为庙会而相聚，老人与孩子因台上的演出而共同欢笑，天伦温情弥漫，年的意味更加浓郁。

但谈起人们对庙会的喜爱，却不仅仅是因为庙会琳琅满目的商品或丰富多彩的活动，对于大部分人来说，庙会让人风尘仆仆甚至千里迢迢前来参与的魅力，在于它自带的热闹氛围与“年味”。置身于欢乐的人潮中，被喜庆氛围感染，当然会让人身心放松。在精神生活和物质生活都略显单调的过去，

庙会前的商铺

庙会为人们创造了一个放松身心的难得去处。没有贫富限制和烦琐规矩，庙会用温暖的灯火包容所有愿意来到这里洗去过去一年辛劳的人们。而当人海汇涌，一年中久未相见的亲人也有了叙旧的机会，借着庙会的欢笑谈谈家长里短或奇闻逸事，血缘中的羁绊便再次延展。

在物质生活与精神生活都充实丰满的现在，庙会最初的意义在逐渐减淡。但随着正月花灯的点起，人潮依旧会沿着庙会的锣鼓声涌动，庙会这一历经千年依旧存在的娱乐形式将以另一种毫不逊色的意义存在。无论是传统文化的传承抑或民间风俗的体现，关于庙会的记忆，会在新年的钟声中代代相传。

风车——转出来的好运

地点
北京市通州区

花花绿绿的风车是庙会上的“宠儿”，在中国大部分地区的庙会上，都能看到它的身影。随风而转的风车寓意着一帆风顺，转个不停则象征着新年的好运绵绵不绝。对于孩子而言，到庙会上买一个风车，用大人们刚给的压岁钱换来伙伴的羡慕和新年的欢喜，的确是一件再划算不过的事情了。

风车，最早起源于周朝，距今已经有3000多年的历史。它原来叫作“八卦风轮”，相传是由姜子牙发明的。传说当时天上有只十头鸟，因为偷吃供果，被贬下凡间。不思悔改的十头鸟兴风作浪，仍然为害一方。姜子牙用竹条围成圈，附上春夏秋冬四道驱魔降妖的神符，做成了八卦风轮，插在乾坤杆上，以此降伏了十头鸟，恢复了人间太平。从此以后，人们在过年时就扎起“八卦风轮”，让孩子玩耍，以祈求远离妖魔，永保平安。

风车转动的身影在千年的微风中从未停歇，带着平安的祈愿把祝福送往岁岁年年。

“风车王”梁俊和他的风车

住在北京通州的梁俊老人今年已经 82 岁了，从七八岁开始，他就跟着爷爷学做风车。70 多年做风车的经验累积，让风车在他的手中拥有了旁人无法赋予的魔力。他做出的风车不仅工艺精湛，而且样式别致，因此创出了“风车王”的绰号。

梁老爷子刚刚完成这个 50 轮的大风车作品。为了制作这个风车，他磨掉了将近半个月的时间。这个由风车簇成的花团在阳光下借着老人的心血盛开，流转的“火焰”投下长长的影子，新年的气息便燃烧其间。梁老爷子用满是老茧的手摩挲着他的宝贝，趁着刮起的一阵微风，他轻松地挥舞起风车。鲜艳的色彩随风转动，风车带动小棒敲击小鼓，生发出清脆的声音，如山间清泉倾泻，悦耳动听，预示着新一年生活会过得有声有色，红红火火。

对于梁老爷子来说，在他的春节记忆中，总少不了风车的身影。小时候，父母以种田为生，每年秋收之后，进入农闲时间，全家人就开始忙着做起了

红、黄、绿三色的风车有着深刻的理念

风车。对他来说，那就表示“年”将要一天天走近了，而与“年”相关的一切甜蜜也不再模糊：“我一进腊月就盼着，掰指头数离年还有几天。过年就能穿新衣裳，吃炖肉，吃大馒头。”风车带来的欢喜让这小小的物件有了特殊的寓意，渐渐消逝的时间借着风车有了具体的展现。一年中最期待的日子在趁着微风中徐徐而至，随着风车送来生活的美好与甘甜。

当风车飞驰的叶片划过岁岁年年，曾经掰着手指祈盼它到来的孩子也已经年至耄耋。对 80 多岁的梁老爷子来说，风车，不仅是他心中最温馨的儿时回忆，还是他长大后谋生的手艺。平时做木工的他，一进入腊月就忙活起来，一家人一年的柴米油盐就靠这双灵巧的手来收获。今年，梁老爷子又扎了两三千轮的风车，算下来，这个正月也会有几万元的收入。虽然年前准备的时候很忙碌，但梁老爷子依然很认真地对待每一个风车。在他看来，这都是老传统、老规矩，是马虎不得的。

出自梁老爷子之手的风车精巧之余，还秉持着传统风车的样式与配色。不同于印刷着各式卡通图案的现代风车，他制作的风车并没有太多花哨的赘饰，颜色也只有简单的绿、黄、红三色。而这样的配色，可不仅仅是为了外观漂亮。梁老爷子笑呵呵地介绍起内里的“乾坤”：“绿色代表地球，黄色呢，

风车小鼓

代表我们炎黄子孙，红代表红太阳。做什么事都得有讲究。这一张画完了，连起来说就是红太阳笼罩人民，人民生活在大地上。”小小的风车中蕴藏着和谐共生的理念与对安康幸福的祈盼，无声地勾勒出来年的祝福。进入正月后，梁老爷子就会带着自己制作的风车去赶北京城的各大庙会。在孩子们兴奋的欢呼声中，这些古朴美丽的小物件，将带着他的心意进入千家万户。

俗话说，“风车一响，黄金万两”。小小的风车上寄托着人们对美好生活的期盼，在不曾消逝的微风中，把新年的喜悦与吉祥带给每个人。

布老虎
——百兽之王也萌宠

地点
山西省黎城县

春节庙会，可以说是中国传统手工艺最大规模的集中展示，诸多手艺人把对新春的祝福化作琳琅满目的物件，让新年的喜气得以具象，以一种更为生动的方式来到人们身边：面人、糖画、兔爷……各式各样的玩意儿一应俱全，布老虎当然是其中必不可少的一种。

布老虎的起源可以追溯至原始社会对于虎的图腾崇拜。早在距今六千多年的新石器时代，原始部族在陶器、石器及玉器上，便有类似虎的图画。虎拥有矫健的体态和威猛的身躯，黄色的皮毛上配以一道道黑色条纹，额头正中那清晰的条纹像一个“王”字，如天赐的冠冕一般。在中国人看来，老虎是百兽之王，代表着力量，也是驱邪避灾、祈福纳祥的象征。无论是从代表着无上兵权的“虎符”，还是形容势不可挡的“气吞万里如虎”中都可以看出，“虎”在中国的传统观念中一直有骁勇与力量的寓意。这样的品质正是每个长辈对于孩子的祈盼，布老虎也因此寄托着这般祝福来到孩子身边，以它英

布老虎凝聚着长辈对孩子的庇佑

小布老虎

勇的“魂灵”驱散灾邪，庇佑孩子平安成长。

长辈用针线重塑丛林之王的英姿，以携着柔软爱意的棉花填充布老虎矫健的身躯，小小的玩具中饱含着绵长的祝福。

在山西省的黎城县，制作布老虎是流传已久的习俗。这里制作的布老虎因为做工精美、惟妙惟肖，有着“中国第一虎”的美誉。42 岁的李小梅，是当地的一位普通农民，却是一位闻名当地的绣虎能手。她缝制的布老虎，炯炯有神，憨态可掬，当地很多人都会找她给自己的孩子做一只布老虎，希望这个“百兽之王”能护佑小朋友百毒不侵，健康成长。

每一只布老虎，都是李小梅用手一针一线缝制出来的，一只布老虎常常要花一整天的时间制作。布老虎多由红黄两色组成，黄色寓意富贵，红色寓意吉祥。它的鼻子是一片倒立的树叶，眉毛则是刺绣而成，眼睛的结构如同根雕，身上的花纹则像剪纸，看似简单的布老虎其实是多重民间艺术的缩影。经过如此演变的老虎不再是凶狠的猛兽，而像是可爱的玩伴，陪伴孩子们美梦酣甜。在中国很多地区“虎”和“福”谐音，所以，布老虎也有了赐福、生财的寓意。

除了让孩子们玩布老虎，当地人还会把老虎的形象做成帽子戴在头上，

虎头鞋

做成鞋子踩在脚下。李小梅的母亲杨爱英便是制作虎头鞋的老手：“小孩两三岁就穿这个虎头鞋，可以辟邪气。过年穿的时候多，家家的老人都给孩子织这虎头鞋、虎头帽、虎头肚兜，期盼孩子快点成长。”穿着母亲亲手制作的虎头鞋长大的李小梅，自然对此有着深切的情感：“在很小的时候，我就记得，每到过年，我妈和我姥姥就会给我做一些虎头帽、虎头鞋。每年快过年的时候都很期待，等到初一那天穿上的时候都可高兴了。我们好多孩子都聚在一起，会比比谁的好看，每次我穿的、戴的都比他们的好看。”

劳碌一生的长辈无法说出过于煽情的祝福，便把情感寄托于手中的一针一线。老虎骁勇强大的特征就成了老人们爱意的含蓄体现。将百兽之王化身衣物，与孩子贴身做伴，这沉默又虔诚的祈祷必然会化作守护，为孩子们驱赶邪气，为新年平添几分童稚的欢笑。

在中国人的传统里，过新年一定要让孩子们穿新衣，希望孩子在新的一年里纳福迎新，茁壮成长。一套有着乖巧老虎形象的装扮，无疑会让孩子们

布老虎上精致的一针一线让它自有生机

长辈为孩子穿戴虎头帽

更加可爱。也正是因为感受着这样的传统，李小梅接过了母亲手中已经传承了七代的技艺，而她，也会把布老虎的技艺与文化带给更多人。

从咆哮山林的猛兽到孩子身边的玩伴，老虎被长辈用祝福磨平了利爪。藏在布老虎中的情感千年如初，这种叫作“爱”的力量便如是守护孩子们的年年岁岁，岁岁年年。

送年礼——一碗和菜睦邻里

地点

浙江省龙泉市

中国人向来重“礼”，在古老的农业社会中，邻里相帮，形成了礼尚往来的传统。过年送礼，重要的是礼数是否周全，而不是礼物是否贵重。礼物传递的是一份情谊，一份美好的祝福。在春节，生活中每一处微小的细节都渗透着新年特有的吉祥与祈望，就连饭桌上的香气都勾勒出与平日不同的味道。春节期间的吃食，讲究的不单是色香味俱全，还要图个吉利。浙江的和菜，便是春节里独具特色的地域佳肴。

中国人以和为贵，“和”又有团圆、混合之意，而“和菜”便兼有二意。老话常言“家和万事兴”，和菜中一个“和”字，就寓意着家庭和谐、邻里和睦、新年祥和，而把各式菜样混合在一起的做法，在美味之余，更有几分团圆之意。在浙江南部的龙泉、庆元等地，几乎每家过年时，和菜都会端上餐桌，用挑动味蕾的美味为喜庆的气氛作点缀。

家住浙江龙泉的洪宁华，平时经营着一家农家乐。春节期间，虽然没有

腊肠

客人上门，少了生意，但这个小院里不仅热闹非凡，还多了几分特殊的喜气，因为，她要为亲朋好友准备一件特别的礼物。

“这是我们这里的风俗菜肴——和菜。它要备十样食材，有十全十美的意思。食材中有香菇、冬笋、生姜、胡萝卜，还有海带、木耳、豆腐泡，以及酸萝卜、墨鱼干、大蒜。它的寓意非常好，和菜的‘和’，主要是家庭和睦、邻里和睦，人出去也和和气气，更重要的是代表着社会和谐。”洪宁华翻动着手中的锅铲，面前盛满食材的锅中飘散出食物混合后的香气，各式各类的菜在她的手中交融为同样的温度。这样的香气，已经萦绕在她的岁月里很久：“从我懂事开始就记得，父母每年过年过节就炒这道菜，我一直在旁边看着。过去条件不好，墨鱼干这样高价的食材就少放一点。挖的笋因为要拿去卖钱，所以也少放一点。现在我们条件都好了，这些都可以多放一点。这道菜真是感恩我们的祖先，留了这么棒的食谱给我们。”接过父母的锅铲所意味的不仅是成为年夜美食的掌勺者，更代表着家庭幸福与邻里情谊的传承与延续。吃着和菜长大的洪宁华知晓这道美味背后的意义，厨房里的忙碌也因而有了更深邃的含义。这种默默无声的传承，在和菜的香气里氤氲，最终和笑容一

酸萝卜切丝

挖冬笋

和菜的原料——新挖出的冬笋

起汇聚于每个人的餐盘碗筷间。

为了准备这道春节送礼的菜肴，洪大姐一家十分尽心，家中的老人早早地就从后山挖来了冬笋。和菜中加入冬笋，不仅味道鲜美，还有着节节高升的寓意。对老一辈人来说，这类食材尽管也能在市场上买到，但是总比不上自己采挖的新鲜。而亲自挖来的笋也让这道菜增加了一丝诚心诚意的味道。

炒和菜中最费工夫的是切菜，所有的蔬菜都要切成细丝。洪大姐这一天要切五六十斤的蔬菜。按照当地的风俗，她要邀请亲朋好友一起到家里来帮忙，小小的厨房顿时溢满了热闹的烟火气息。人们在谈笑间，不仅做出了美味，还联络了感情。随着案板与蔬菜的碰撞，关系也就随之变得更加和睦。

把所有的材料全部切丝之后，分别炒好，再混合拌匀，这道炒和菜就大功告成了。接下来，洪大姐要挨家挨户地将新出锅的和菜送上门去拜年，她说："送和菜能增加我们邻里的和睦，让我们大家都和和美美。我们送他们，他们也送我们。我们互相送着吃，这样感情就非常好，就像一家人。"新年的喜悦与邻里的情谊糅合在刚刚出锅的和菜中，盛满佳肴的瓷碗中氤氲着腾腾的热气与阵阵的香味，人们脸上的笑容也因此被衬托得更加柔和。有关新禧的故事，便在碗筷的碰撞中掀开了帷幕。

春节期间的礼物或许看似简单，却蕴含着极深厚的东方文化。小小的一盘菜却蕴含着感情的升华，在唇舌的享受中将一年来邻里生活中的小矛盾轻松地化解。这是前人流传下来的古老智慧，是中华文化中"和为贵"的写照。

破五
——迎神纳福的好日子

地点
江苏省苏州市

“五日财源五日求，一年心愿一时酬。”在中国的民间传说中，正月初五是财神的生日，于是在头一天晚上，各家各户都会置办酒席为财神祝福，以祈求来年财运亨通。这样朴素的情感中蕴藏着劳动人民乐观积极的人生态度，在洋溢着欢喜的春节里，无疑是一抹鲜艳的色彩。

关于迎财神的习俗，由来已久。清代顾禄《清嘉录》中记载：“正月初五日，为路头神诞辰。金锣爆竹，牲醴毕陈，以争先为利市，必早起迎之，谓之接路头。”从如此盛大热闹的场面中不难看出，古人们对迎财神的重视。他们把一年的财运寄托于锣鼓和爆竹烘托的喜庆中，来年的滚滚财源便顺着众人的欢呼倾泻而至。这一天，对生意人来说尤为重要，因为初五一来，他们就要开门营业，开始新一年的忙碌。

陈志林夫妇和女儿在苏州甪直镇开设绣庄已经十几年了，一年到头工作很辛苦，只有在过节期间才能休息几天。按照当地习俗，大年初四的晚上，

初四的聚餐——老板与伙计们开工前的饱餐

陈志林要请店里的伙计们吃顿饭，感谢她们过去一年来的辛苦工作。当陈志林夫妇把准备好的一盘盘美食摆上餐桌时，仍在散发热气的食物透出朦胧的香气。饱餐过后，第二天便是开工的日子。这一顿精心准备的年夜饭，便为来年的生意添了几分吉祥的盼头。

在当地，这样的年夜饭还有着诸多不成文的条例。例如，过年以后不开火，每户人家都要在年夜饭的餐桌上准备一道蹄膀做大菜，还有一道年夜饭中意喻着“年年有余”的鱼肉……这些并不烦琐的规矩实则是对新禧期望的具现，无声描摹着热闹下人们对于生活的祈盼。

为了招待客人，很多家庭都在年前准备了大量的食物。按照传统，初五前，要尽量把这些食物全部吃完。初四晚上的这顿饭，陈志林夫妇请了店里的所有员工，一个都不能少。因为在当地，有个不成文的规矩，如果这一顿饭没有请谁，就暗示着这个员工要被辞退。在中国有些地方还有“吃鸡头”的风俗：店主会在席间给伙计夹菜，鸡头夹给谁，谁就被辞退了，吃过酒后，他就会主动提出辞职。这种通过餐桌传递的信息不仅没有破坏新春喜庆热闹的气氛，还为双方保持了和谐的体面，是传

刺绣破五

统温良思想的体现。

初五的早晨天刚刚亮，空气中还隐隐浮动着一层薄纱似的夜色，陈志林便早早地打开了店门。在当地人看来，初五这一天店铺开门一定要抢先，燃放“开门炮”，这样，一年当中做什么事都会顺利、如意，生意人会财源兴旺，农民会五谷丰登。普通人家为了图吉利，也会在大年初五开门时燃放“开门炮”。陈志林点燃鞭炮的引线，看着长长的火龙由着这点光亮发出低低的“吼叫”，脸上露出了一丝笑意：“开门放鞭炮，迎接五路财神到我们店里来，期待来年生意红红火火。”

向财神祈福——招财进宝

在中国，财神对于百姓的意义非凡，有很多家庭会在春节时悬挂财神像来祈求财运。财神与福、禄、寿三星并列，受人尊崇。在关于财神的传说中，比干和范蠡被尊为“文财神”，他们是公平的化身；

赵公明和关羽被尊为“武财神”，他们是大义的象征。自古以来，中国人始终认为，做人做事首先要有高尚的品德，讲求诚信，这样才能获得相应的回报，也就是人们通常说的“生财有道”。在苏州，财神被称作“路头神”，迎财神也叫“接路头神”。接路头神讲究越早越好，所以在苏州地区有的人在年初四晚上，吃了晚饭之后，大家一起聊聊天，等十二点一过，进入零点的时候，就敞开大门，“匆匆抢路头”，燃放鞭炮，迎接财神。

正月初五也被称为“破五”，因为从这一天开始，过年期间的所有禁忌就被全部打破，人们开始为逐渐回归自己的正常生活做起了准备。春节的爆竹声消散在和煦的微风中，但是幸福如意的新一轮春秋，才刚刚开始流淌。

年戏——家乡的古老唱腔

地点
浙江省缙云县

农耕时代，年的功能被无限放大。辛劳一年的人们，乘着新春的喜庆，终于可以在正月里尽情地释放。无论在中国的南方还是北方，从大年初一到正月十五，田间地头总能看到在平地上搭建起来的露天戏台。“锣鼓响，脚底痒”，当戏台上的锣鼓声响起时，十里八乡的人们就会聚集起来。台上的演员们唱腔悠扬，演绎众生百态，台下的观众们沉醉入迷，看得有滋有味。

唱戏的目的，在填充春节的空闲，让劳碌一年的人们在这段喜庆的日子里更加热闹之余， 还包含了告慰祖先、祈求风调雨顺的种种质朴心意。在悠长的岁月里，这项活动慢慢地成了春节的保留项目。对于很多生活在乡村的人来说，若是没有了年戏，这个年就过得索然无味。

在浙江缙云，每到正月，当地便会请来戏班上演最受大家欢迎的传统剧目。一出戏在台上反反复复唱了几十年，台下的观众还是看得津津有味。舞台上演出的是婺剧，它诞生在400多年前，流行于浙江、江西一带，是一种古老

古老的婺剧

的地方戏种。数百年前，婺剧班社就开始在乡村集市和庙会中演出，至今依然长盛不衰。

对于村民朱马成来说，从有记忆以来，新年的伴奏里便总少不了这一出唱腔。看大戏已经成了他春节里不可缺少的一部分，他回忆："我们小时候，站在人群里面拼命地往人缝里钻，往里瞅。你说为什么那么有兴趣？那都是祖祖辈辈传下来的，我爸爸、妈妈，我爷爷，他们各个都喜欢！戏里面的唱词腔调，他们张口就来。如果台上唱错了，他们一听就知道，人都融入那里面去了。"对于年戏的喜爱似乎是一种不经血脉流淌的传承，祖祖辈辈都捻着戏台上的火花来点亮春节假期的空闲，热闹的人潮簇拥出喜庆的年味，热闹的伴奏里咿咿呀呀地唱过又是一年。

对于很多村庄来说，新年里唱响的第一出戏被称为"开年戏"。这"开年戏"要是唱得顺利唱得好，就预示着新的一年平平安安。因此，

孩子们的年味——爆米花

家家户户都十分重视“开年戏”。在朱马成的记忆中，即使在过去条件有限的情况下，村里的人们都要想方设法凑份子，请戏班。“平安戏是村村都要有的。婺剧有个规矩，一个人出多少钱，一头牛出多少钱，一只鸡出多少钱，一只狗出多少钱，反正是家里的活物都要出钱，因为唱平安戏目的不只是保佑人，还保佑全村六畜平安。现在不一样了，集体经济好了，都是村里出钱。”朱马成介绍道。经济的发展带来了生活的改善，人民日渐富裕，但是对于年戏的追求并没有将息，反而因此打磨得更加合意。已然成为习惯的年戏所寄托的不再只是一年一度的欢庆与放松，还有一种心照不宣的声乐传承。

“开年戏”有着特定剧目，《跳八仙》是一定要先唱的。戏台上各路神仙被迎下凡间，赐福来年风调雨顺、五谷丰登。这时，过年的大戏不仅仅是为了娱乐观众，更多的是对新年的祈福，把对来年的丰收或平安的期望都揉捻进台上演员的唱腔。在台下鼓掌叫好的观众，

婺剧《跳八仙》中的演员

熟悉每一句唱腔和台词。他们陶醉其间不仅因为演员的精彩表演，还有期待心愿达成的希望与欢喜。年戏的意义，也变得更为深刻悠扬。

与我们传统看演出的习惯不同，婺剧年戏的演出与生活习俗有更紧密地融合。《跳八仙》即将结束时，村民会点响爆竹，燃起焰火，把各路神仙送回天庭，这时真正的大戏才正式拉开大幕。大戏的演出方式如同现在的电视连续剧，唱完需要两天三夜。村民们也是场场不落，在熟悉的唱词中，在悠长的唱腔里，这个年就过得更加惬意。

戏台上的唱腔终会落幕，但来年的春天，台上的锣鼓仍会奏响。生活的大幕未合，沿着流淌不歇的岁月，带着人们的欢喜，将这场戏镌刻进每一位在台下欢呼鼓掌的村民心里。

舞龙灯——红红火火闹正月

地点
浙江省乐清市大港村

自黄帝始，“龙”这一带有浪漫和神秘色彩的神兽便成为华夏子孙的象征与图腾。在传统习俗和喜庆氛围最为浓郁的春节，当然少不了龙的身影。“舞龙”这一项兼具趣味和韵味的民间艺术便应运而生。

舞龙源自古人对龙的崇拜，这一习俗或承继自商周“祭天”的遗风。在三皇五帝时期便叱咤风云的神兽，民间传说中被赋予掌管风雨的神力，因此，“舞龙”便包含祈求“风调雨顺”“国泰民安”的吉祥含义。在古时每每“旱魃”横行，雨水不兴，百姓便会用舞龙的方式祈求降雨。据汉代董仲舒的《春秋繁露》记载，当时在四季的祈雨祭祀中，春舞青龙，夏舞赤龙和黄龙，秋舞白龙，冬舞黑龙，每条龙都有数丈长，五至九条龙同舞，场面的壮观可见一斑。

春节期间舞龙在祈福之余，更为热闹的氛围再添喜气。人们在鼓乐声中随着舞动的彩龙呐喊欢笑，数千年前盘踞于中华大地的神龙便再次降临于春节的欢腾中，为百姓带来安康。

首饰龙龙身

在浙江乐清大港村，村民们正在盼着神奇的首饰龙巡游。

乐清的首饰龙长约五米，高三米，宽两米。前有龙头，后有龙尾，龙身上装饰有 80 多个亭台楼阁，浓缩了《封神榜》《西游记》等 80 多出传统戏剧，里面有近 300 个形态各异的古今人物。他们在灯光的映衬下，金光闪闪，耀眼夺目。尤其令人惊叹的是，阁楼中的所有人物都可以活动，他们可以生动地展现出犁田、纺纱、织布、磨剪刀、磨豆腐等 36 个行当，妙趣横生，仿佛一幅幅活生生的民俗风土画卷。

首饰龙中的活动人偶

乐清地区靠海，当地居民主要以捕鱼为生。这里的人们认为，海上的大风大浪都是龙神在作怪，所以制作了龙灯游行，向龙神祈求新的一年里能够一帆风顺、航行平安。由于这种装饰繁复的龙灯总是走在游行队伍的第一位，所以被称为“首饰龙”。

林顺奎是乐清当地有名的手艺人，祖辈都是以制作首饰龙为生，到他已经是第五代了。为了制作这条精美的首饰龙，他前后花费了近一年的工夫。

用竹篾扎成的首饰龙，在一层层楼阁组成的大戏台上，布置着形态各异的人物。在70多个木齿轮带动下人物可以转动。在当地，关于首饰龙的起源，还有一个神圣的传说：明朝洪武年间，倭寇经常骚扰我国浙南沿海，夺掠烧杀，百姓不堪受辱，自发组成队伍抗击倭寇。当时在抗倭队伍当中，36名勇士浴血牺牲，为了纪念他们，百姓开始制作首饰龙。这就是首饰龙上36个行当的来源。

带着百姓敬意与厚重底蕴的首饰龙似乎有着庇佑一方百姓的能力。几百载光阴流淌，如今，首饰龙的制作越来越精美。要做好首饰龙，必须精通木工、竹工、雕刻、绘画等多门手艺。林顺奎从小跟随父亲耳濡目染，经过几十年的时间才掌握了所有的技艺。由于制作周期长，工艺要求高，在当地，制作首饰龙的手工艺人并不多。能够做一条精美的首饰龙，得到村民的认可，是对首饰龙艺人最高的奖赏。

每年正月，当首饰龙巡游开始的那一刻，也是林顺奎最自豪、最高兴的时候。在热热闹闹的巡游队伍中，紧随在首饰龙后面的还有龙档，以及当地富有特色的抬阁和踩高跷等表演。浩浩荡荡的队伍走村串户，给民众带去新年祝福的同时，也成为当地最有节日气氛的活动。

在过去，巡游结束后，人们会用火焚烧首饰龙，送龙上天，同时撒上芝麻、绿豆，表示祈福。随着时代的发展，首饰龙从早期的小巧简单演变成现在的精美繁复，人们在巡游过后也不再舍得轻易将它烧毁，而是留待来年继续展示。

不仅是在浙江乐清，舞龙灯是中国许多地方都有的一项传统民俗。春节舞龙灯，在带给大家欢乐的同时，也寄托希望，在新的一年中能够风调雨顺、五谷丰登。傲视寰宇的东方巨龙，也在用它的方式庇佑着它的子子孙孙。五千年的文化传承与历史脉络，在彩龙的飞舞里腾驾于云霄。

斗鼓——黄土地上春雷响

地点

陕西省壶口市

“涌来万岛排空势，卷作千雷震地声”，黄河水奔腾万里，势如蛟龙，锣鼓声响彻苍穹，震似春雷。

黄河心脏所处的地区孕育出了与壶口瀑布同样气势磅礴的独特文化表现形式——壶口斗鼓。这一扎根于黄土地上的豪放鼓舞艺术里，蕴含着黄河儿女征服困难的豪情壮志，从黄土高原人乐观奔放、坚韧不拔的性格中汲取生命力，在年年的正月里震响黄土大地。

据《宜川县志》记载，壶口斗鼓过去称“赛锣鼓”，打起来音响宏远。过去庙会期间，各村锣鼓相遇，互相比赛。壮汉挥动鼓槌、舞起大镲、击起大锣，汗流浃背，数村相对，互不示弱，此谓之“赛鼓”。斗鼓文化源远流长，在壶口有这样的说法，“锣鼓声声，上可通凌霄宝殿，下可传阎罗地府”，鼓声响起，能够得到天地的回应。在中国古代，人们用鼓声发出呼唤，来祈求上苍保佑，驱鬼辟邪。黄土高原上至今流传着有关它的传说。

壶口瀑布的斗鼓

“壶口斗鼓的传说，从老人口中一代一代地传下来。早在大禹治水的时候，黄河两岸连年遭灾。为了治理黄河，当地群众说治水要打锣鼓，大禹听取了这个建议，把方圆百余里的鼓手全部召集到壶口瀑布，引得鼓声震天。结果黄河真不泛滥了。”

传说虽不可考证，但是其之所以代代相传正是因为承载了当地人民寄托于斗鼓活动的美好祈愿。正如壶口村民袁登龙所言，壶口斗鼓的精神内涵恰恰与大禹治水的不屈气概相吻合，展现出了陕北儿女在斗鼓过程中抒发的昂扬斗志。

中国有一句老话：“一方水土养一方人。”不同于中国的大多数地方讲究的和和气气、恭恭敬敬，生长在这片土地上智慧而纯朴的西北农民在春节期间选择用能体现自己豪迈精神面貌的斗鼓来拜年，既能消除往日的积怨，又可增进乡邻的感情。当地人口中有着这么一句话，“锣鼓一敲，恩怨全消”。在热闹喜乐的正月里，平日里含蓄、内敛的农民，在斗鼓的过程中展现出了热烈、张扬的一面。他们用这种近乎狂欢的方式来迎接新春的到来。

震天鼓声中的壶口村民贺宗州看起来容光焕发，“人家是给咱送锣鼓来了，

斗鼓者尽情释放自身的能量

也是送吉祥来了！锣鼓按农村的说法，就是镇邪的。锣鼓这么一打，一切邪门歪道都走了！而且图个高兴，热热闹闹的，增进村里左邻右舍的关系。”

在这里，互相拜年不用带礼品，“送锣鼓”就是最高的礼节。在当地人看来，谁家的鼓声越大，就预示着新年越平安，越吉祥。锣鼓队来到家门口，就要在大门口放上一挂鞭炮表示欢迎。主人架上自己的锣鼓，和前来拜年的鼓手从门口斗到院内。锣鼓喧天、你来我往，鼓声响彻天地，将原始的生命力在热闹喜庆的节奏中释放了出来。

在正月十五当天，斗鼓到达了高潮阶段。相邻村子的斗鼓队会集合起来，一显身手，互比高低。尘土漫处，只闻鼓声激，不见击鼓人，空气似乎也燃烧了起来。人影飘摇，惊心动魄。

戴着一副近视镜的壶口村民杨勇在身材魁梧的西北汉子里略显瘦小，看起来并不显眼，但是如今 43 岁的他可是村里的斗鼓高手，每年这样的活动都少不了他的参与。即使学习斗鼓已经 20 多年，杨勇依然能够清晰地记得第一次看到斗鼓时的情景。他一边回忆，一边忍不住用肢体语言比划着：“当时是正月，还是冬天，但是斗鼓的人汗流得衣服都湿了。全院有七八十人，我那时候是小孩，都挤不到里边去！斗鼓时，两手都在把镲往上扬。敲锣的挥舞着鼓棰，那种情形我现在还一直能记得！”

分似八卦，云集阴阳，一忽而狂风卷残云，一忽而猛雨打枯叶；聚如神龙，

斗鼓——送锣鼓、送吉祥

凝天地威，一忽而霹雳摧腐朽，一忽而巨浪击顽石。鼓声一响，斗鼓场队员里上了年纪的农民们一个个像是年轻了10岁，透露出的一股股精气神儿感染了所有人。他们结合鼓点的节奏和场面的变化，尽情击打、尽情跳跃，将壶口斗鼓精髓的一个“斗”字凸显得淋漓尽致。他们模拟着大自然的风雨雷电，也演绎着人间的喜怒哀乐。

“摆阵斗鼓，势均力敌，克敌制胜，谁肯服输！”

在这片沟壑纵横的黄土高原上，孕育了早期的中华文明，也孕育出了黄土高原质朴俊美的风情和黄河壶口豪迈奔放的风骨。几千年来，壶口斗鼓这项民间艺术，伴随着历史一路前行，如今在这里还依然能够感受到秦汉古韵，感受到中华民族的勃勃生机。黄土地上的人们以斗鼓为新的一年拉开序幕，以饱满的热情迎接即将到来的春耕，岁岁年年，生生不息。

黄河奔流，锣鼓铿锵，斗鼓带来的活力将唤醒大地的生机，祈愿来年风调雨顺、四季平安。

秧歌——扭出来的红火

地点

山东省胶州市

旋扭拧碾似彩蝶翻飞，鲜衣艳扇如瑞鸟腾空。在唢呐与锣鼓相和的喧腾里，人们用载歌载舞来欢庆着新年。

在四季轮回、新旧交替之际，人们都在用着自己的方式欢庆着。对于重视农历时令的庄稼人而言，充满着独特乡土气息的秧歌朴实又具有力量，当数庆贺新年、玩闹喜乐的不二之选。进入正月，热火朝天的秧歌舞动中国大地，上至八十岁老人，下至五六岁的儿童，无论技巧高下，都可以乘兴扭上一段。跳起秧歌的人们在锣鼓齐鸣、唢呐冲霄的伴奏下尽情舞蹈，进入忘我的状态。秧歌的风格因地域不同而有些许的差异，有的威武雄浑，有的柔美俏丽，千姿百态，美不胜收。

秧歌诞生于农民们插秧耕田的劳动生活中，在古代农业社会里承载着人们对于五谷丰登的质朴祈愿。在1000多年的发展过程中，它不断吸收农歌、武术、杂技以及传统戏曲的技艺与形式，成了百姓喜闻乐见的民间歌舞。至

秧歌的角色“扇女”

明清时期，秧歌已经在中国各地广为普及，当时的人们对它的历史也有所研究，最早或可追溯到南宋时期。清代吴锡麟就曾在《新年杂咏抄》中记载:“秧歌，南宋灯宵之村田乐也。”

据乾隆版《胶州志》所述：“上元，张灯火，陈杂剧，喧闹竟。”胶州地区的人们在佳节相聚、共闹正月的盛况早有记载。不同于鼓子秧歌的粗犷豪迈，也有别于海阳秧歌的欢快奔放，同处“山东三大秧歌”之列的胶州秧歌有着“三弯九动十八态的”风格体态，独特的舞蹈动作展现出了别样的婀娜多姿与舒展大方；动作幅度的加大也增强了人们对内心澎湃热情的表现能力，在秧歌里舞出迸发的情感和生命之流的巨大冲力。

“场上扮演的五种角色是一家人。男士扮演的一个叫‘鼓子’，一个叫‘棒子’。‘鼓子’对应一个女性的角色叫‘翠花’，他俩相当于一家中的爷爷奶奶，而‘棒子’和‘扇女’也是一对，是中年的夫妻。“小嫚”则是他们的孩子。”

秧歌的角色“鼓子”

秧歌的角色“翠花”

胶州市文化馆馆长张剑娓娓道来，胶州大秧歌最与众不同的地方在于它一定要凑齐五种角色才能开演。各个行当各有鲜明的特点，凑在一起你来我往、活泼生动，为的是要表现一家五口人喜迎新春的欢快心情，与正月里热闹团圆的气氛相得益彰。

火红又温暖的秧歌不仅让人们忘记了寒冷，更感受到了这浓浓的年味。

“不扭秧歌就缺个年味啊！百姓们心情愉悦，通过舞蹈的形式展现生活的滋润富足，象征着我们新年伊始、万象更新！”

吕建波言语中流露出浓浓的热爱，作为胶州秧歌第7代传人的他今年50出头，在扭秧歌的30多年里，这喜气洋洋的歌舞早已成为他生命里不可或缺的一部分。平时有些不善言谈的吕建波扭起秧歌来就像是变了一个人，全神贯注于每一个拧扭，在旋转跳动中激情迸发。一到正月，就进入了他一年里最为忙碌的时期。他不仅要去走访亲朋好友，还要带着徒弟们到周边的村庄，用秧歌给乡里乡亲们送去新年的祝福。

“听见锣鼓点儿，搁下筷子搁下碗；听见秧歌唱，手中活儿放一放；看见秧歌扭，拼上老命瞅一瞅。”从胶州当地人流传着的顺口溜可以想见，人们热爱扭秧歌、乐于扭秧歌。腰鼓一敲、手帕一甩，火热的大秧歌就扭出了节日的喜庆。

“我特别爱扭秧歌，既能让心情变好，身体还能得到煅炼，好！”

“不扭秧歌好像心里总少了点什么事似的。有时候心情不好的时候，扭一下就把愁事忘了！”

在纯朴的当地人你一言我一语间，扭秧歌带来的喜悦与欢乐便流露了出来。颜色明艳的秧歌服映衬着胶州人容光焕发的笑颜，也在中国大地上每一处秧歌舞动的地方表达着人们对春天的渴望，祈盼着新的一年风调雨顺、如意平安。

中国欢庆新年的秧歌各具特色，但给人的感觉都是一样的热烈，乡土气息浓郁。锣鼓喧天的热闹里，人们用大秧歌扭掉了烦恼，扭掉了忧愁，扭来了新年新气象。

傩舞——古老而神秘的祈福仪式

地点

江西省万载县

新旧交替之际的正月少不了种种神奇故事及其衍生出的别样仪式。如今，在许多地方还保留着古老而独特的庆祝习俗，为庆贺新春增添了不少古朴的气息。神秘而威严的傩舞兼具祭祀和娱乐的双重功能，时至今日，仍在中国许多地区的舞台、厅堂和村镇田头绽放出独属于它的风华。

在汉族先民的自然崇拜、图腾崇拜和巫术意识的影响下，产生了“傩”这种历史久远并广泛流行于汉民族中的社会文化现象。“傩”具有强烈的宗教和艺术色彩，在与之相关的祭祀活动中，傩舞这个祛疫降福、消灾纳吉的仪式也就应运而生。它承载着人们借助神灵的威力祛除自然灾害与瘟疫疾病的希望，一代一代传承了下来。

傩舞源流久远，殷墟甲骨文卜辞中已有傩祭的记载，到了周代则称傩舞为“国傩”“大傩”，乡间也叫“乡人傩”。据《论语·乡党》记载“乡人傩，朝服而阼立于阶”。而从先秦文献中探寻，可以得知傩礼是通过上祈傩神，

傩舞的高潮——小鬼爬杆

希望调理四时阴阳，以求寒暑相宜的仪式。随着社会的发展，如今的傩舞在玄秘色彩上有所减弱，更多的是承载着人们对传统文化的执着，寄托了人们对国富民生的不变心愿。

作为中国傩文化发祥地之一的江西，跳傩舞的习俗在当地已经有 1000 多年的历史了。尤其是有着“傩舞之乡”美誉的万载，几乎每个男人都会跳傩舞，每个大的家族都有一支自己的傩舞队。傩舞是当地正月里最为隆重、热闹的欢庆方式，新春至，傩礼起，大小傩庙都装扮一新。跳傩者在锣鼓声声里集结，请出傩神安置于神龛之上，以清水净布为其洗脸拂尘。

如今 56 岁的李济川跳傩舞已经有 30 多年了，他作为傩舞队中的最长者，要在仪式开始前按照传统点燃香烛。在三声铳响、擂鼓三通之后，古老庄重的仪式正式开始。一系列虔诚的请神、拜神仪式结束之后，就要开始浩荡出傩了。

傩舞队进村，锣鼓喧天，鞭炮不断。人们都会在自家门前等待着队伍的

傩舞唯一女性传人

傩神的装扮

围在傩神伞下的人们

到来的时候，点燃一挂鞭炮，意味着自家也接到了来自傩神的祝福，来年会万事顺遂。在熙攘热闹的人群里，车陂村民李田荣向我们讲述着当地人眼中的傩舞：“这个风俗是祈求我们地方平安、风调雨顺，年年过年有个好的盼头！”

在请傩、出傩、接傩之后，精彩的跳傩仪式正式开始。不论大人还是孩童都兴致勃勃地围绕着傩舞队。当地素有“摘下面具是人，戴上面具是神”的俗语。舞者们在表演时佩戴相应的面具，装扮成庞大的傩神谱系中的角色，一手持戈、一手持盾，边舞边“傩傩”呼喊，奔向各个角落，跳跃舞打。在奔腾间，舞姿激烈诡黠，气氛神秘而威严，为正月笼罩上了一层肃然的古韵。

“二十四个鼓乐手变成的冤鬼天天吵、天天闹，闹着皇帝要封赏，皇帝就说：‘好吧，你们就千年万载享受香火吧，封你为傩神’。”当地傩舞唯一的一位女性传人刘凤初长年研究傩舞文化，深知其中的精髓，对于傩舞的传说故事更是十分熟悉。在她对傩神传说的侃侃而谈里，可以隐约窥见傩文化神秘面纱之下，人们的想象力与其所负载的人文的、历史的、艺术的信息。

傩舞的风格因地域、传承所扮演的傩神不同而具有诸多变化。既有场面变化复杂，表演细致严谨，生活气息浓厚，舞姿优美动人的“文傩”流派，又有气势威武磅礴，情绪奔放开朗，节奏热烈明快，动作刚劲有力的“武傩”流派。而在趣味性上，当数“小鬼”的风格最为独特。随着“小鬼”上场，傩舞一下就转变成杂耍和逗趣的节目。两只小鬼钻圈翻滚，相互比试本领，最后以惊险刺激的翻杠表演结束。整个过程妙趣横生，将气氛带动得越发欢快起来。

这是舞者与观众们共同的快乐，作为舞者之一的村民李和平十分骄傲地说：“表演的时候如果观众情绪高，我们表演起来也带劲！和观众互动一下，那真是叫一个爽！”

自古以来，血脉族亲之间的羁绊一直深深扎根于中国人民的情怀与精神之中，在这般喜庆祥瑞的气氛里，自然少不了对晚辈的关爱与对合家欢乐的期望。随着伴奏的变化，演出逐渐接近尾声，许多村民迫不及待地带着孩童上台围聚在傩神的伞下，这对于当地人而言象征着孩子们得到了神灵的庇佑。能与家人围聚在伞下也意味着新的一年里会家庭和睦，也有着神灵与民同乐的寓意。

除了江西万载之外，在中国的贵州、河南、陕西、福建、云南等地，都有傩舞这种表演形式。虽然各地叫法有所不同，但是祈求五谷丰登、期待来年风调雨顺的愿望是相同的。

“鼓声渊渊管声脆，鬼神变化供剧戏。”热闹质朴的傩舞表演，走街串巷的喧嚣锣鼓，带着老百姓心中对幸福生活的祈愿，舞在正月，流传千年。

鼓藏肉

——十三年一见的节日菜肴

地点

贵州省雷山县

狂欢是正月永恒的主题，佳肴是庆贺不变的欢喜。

新春种种活动中，人们都尽情歌舞，淋漓释放内心的喜悦。在贵州省雷山县的西江千户苗寨里，几十个苗族姑娘和小伙子，吹着芦笙、敲着铜鼓、跳着民族舞蹈，在独特的苗族氛围里与几百位来自中国各地的游客一起欢度春节，像极了一个其乐融融的大家庭。

在欢闹与玩乐后，一顿饱餐无疑是能让人感到幸福与美好的。美味佳肴与传统食物也从不在节日里缺席，一道具有独特风味的菜往往包含着人们在恒长历史里所赋予的特殊意义。在人们的印象中，苗寨最吸引人的似乎是粗犷豪迈的歌舞，抑或是带着玄秘色彩的传说，事实上，苗家的美食也颇具特色，尤其是过年期间的传统菜肴，更是让人流连忘返，回味无穷。

“过这十三年一次鼓藏节，吃肉就要吃一坨坨，喝酒也要喝一碗碗”是苗族对于鼓藏节饮食文化的一句俗语。“肉”指的就是鼓藏肉。苗族人吃鼓

鼓藏节的民族舞

藏肉源自于远古时期对祖先的崇拜。在苗族传说中枫木是有生命的，苗族祖先的灵魂归宿寄身于用枫木做成的木鼓之中，只需敲击木鼓，祖先也就在悠远沉郁的鼓声里被唤醒。

每到鼓藏节，苗族人都要请出祖先传下来的大鼓，杀牛祭祖的习俗则在岁月更迭中逐渐演变成为用猪肉祭祀。这个苗族最重大的祭祖节日每隔十三年举办一次，因此鼓藏肉也被称为十三年一见的佳肴。虽然随着经济发展，如今鼓藏肉变成了一道家常菜，但是在苗族人心中，这道独特的美味仍旧十分珍贵。

今年刚满 30 岁的阿才是当地出了名的厨艺高手，他一样一样介绍着面前的食物，如数家珍。近些年来，随着千户苗寨的开发，当地的经济逐渐变得繁荣起来，前往广东打工的阿才在 3 年前选择回到了自己的家乡，经营起了一家小饭店。

每隔几天，阿才都会背着竹篓出现在寨子旁边的稻田里，他到这里来，既不是耕田，也不是犁地，而是来抓鱼。当地的苗族人通常把鱼养在稻田里，养出的鱼十分肥美、味道鲜香，是苗族人正月里餐桌上必不可少的一道佳肴。

鼓藏肉

对于阿才而言，这鱼有着特殊的庆贺之意——他的妻子在一个月前诞下麟儿，这带着新年福气而来的大胖小子让新春多了一重喜庆。回到了寨子里的阿才，忙活着要做几道苗族的传统菜来招待朋友，炖猪蹄、炒五花肉、做冻鱼，忙得不亦乐乎。对苗族同胞来说，添丁是家族里的大事，因而这个正月前来祝贺的亲朋好友特别多。在这样喜庆的日子里，有一道必不可少的菜一定要准备，那就是苗族用来招待贵客的鼓藏肉。

“鼓藏肉是拿猪肚皮上的五花肉直接煮。有时候会放点糯米，或者放鸡一起煮，这样更有营养价值。”

阿才将砧板上一大块带皮的五花肉拎起来，缓缓浸入滚沸的开水中。白煮的过程不需放任何调料，肉保留着原本的味道。灶台渐添柴，白汽扑迎面，半个小时的香气四溢之后，鼓藏肉就可以出锅了。煮熟后的肉块被切成了两厘米厚、半个手掌大小的肉片，一片一片围成了一个圆圈，整齐地码放在盘子中，中间再放上一碗用辣椒和香料调制的蘸料，一盘令人垂涎欲滴的鼓藏肉就做成了。

挂着古朴装饰的厅堂内，一家人围坐在长桌前，喝着自酿的米酒，吃着热腾腾的火锅，一盘寄托着后代诞生之乐与新旧年更替之喜的鼓藏肉就在此时上了桌。每个人在举杯共庆新年的同时，感受到了社会发展给苗寨带来的巨大变化，阿才也不免在熟悉的味道里回想起了童年。

“其实我们儿时，没有肉吃。十三年才吃一次的时候，这种大块大块的肉，我们都会去抢着吃。到了现在，过年过节这个菜也是必须有的。有了这个菜，才可以去祭祀我们的祖先。”

从以往的难得一见到如今的设宴必备，鼓藏肉承载着苗族人对文化的传承，见证着生活质量的不断提升，也象征着一辈又一辈人延绵万代的生命力。

拴腿面——拴住幸福，拴住平安

地点

黑龙江省哈尔滨市

在新春的吉祥气氛里，人们往往怀揣着种种心愿来开启新的一年，其中最本真的心愿便是希望一家人能够诸邪不侵、百病不扰。每逢被称为“人日”的正月初七，人们纷纷在这个以“人”为主体的大日子中，将这份质朴的祈愿表达出来。

相传在女娲创造世界之初，从正月初一开始依次做出了鸡、狗、猪、羊、牛、马，到了正月初七这一天则创造出了人类。于是，人们就把这一天看作是人类的诞生之日，称作“人日”。“从初一到初七，天气最好的一天代表这一年里这种动物运气最佳。譬如初一天气大好，就意味着这一年养鸡会有个好收成，倘若在初七有个好天气，则预示着新的一年里人寿年丰。”在民间流传的这种说法包含了人们的期盼，也是新年初至的一个彩头。

透过岁月的痕迹，依稀还能探寻到许多先人在“人日”的庆祝仪式。江南一带的人们在正月初七会把七种菜合煮成羹汤来食用，以求祛病辟邪。更

擀面

叠面

有趣味的是将五彩丝绢或金箔剪成人的形状，贴于屏风或饰于发上，称之为“戴花胜”。如今的南方地区，这些传统习俗大多数已经随着时代的变迁消失了，但是在北方，初七这天吃拴腿面的习俗却保留了下来。直到今天，几乎家家户户都依旧会在“人日”当天，郑重其事地做上一顿面条，将爱寄托其中。长长的面连着长命百岁，拴住幸福平安。

面食文化在中国的美食文化中的地位一直不可撼动，对普罗大众而言也有着特殊的含义。最为知名的传统是在生日时吃长寿面，以求长命百岁，讨个吉利的好意头。在中国人的语言中，“脸”与“面”相通，“脸长”可理解为“面长”，于是人们用长长的面条来寄托长寿的愿望，渐渐演化出生日这天吃面的传统。长寿面的起源是否与此有关早已不得而知，但能从中体味到人们对“寿比南山不老松”的追求与对“福如东海长流水”的希冀。

“今天是‘人日子’，我得和点面，擀点面条，给我孙子拴腿！”

家住哈尔滨市阿城区胜利村的村民张树清惦记着做面的习俗，一大早就和家人张罗了起来。由于职业是司机的儿子整日在外奔波，活泼可爱的孙子平日里都是由张树清照顾，这也给她的退休生活增添了许多乐趣。对她而言，最大的心愿就是孙子能够健康成长、平平安安。每年的大年初七，张树清都少不了要为孙子做上一碗讲究的拴腿面。

“切的时候必须得切宽点、薄点、长点，就像宽心面似的，长的话就意

切面

味着健康成长，小孩吃了就任何人也带不走，一帆风顺。”

冬日里，东北的室内反而是有些温热的，张树清在满室暖意里揉着面，思绪飘向了自己的幼年。那时，张树清家中的经济条件并不是很好，常常连一顿饱饭都吃不上，但即使是这样，初七的拴腿面却从来没有缺过。如今回想，她一阵感慨涌上心头，“我妈说这碗面是每次包饺子包剩下攒出的面。攒了一大碗，就擀了一大碗面条。卤子是酱缸里的黄瓜，又放了鸡蛋。那碗面我真是回味无穷，现在想起来特别香，比别的面条都香。”

为孙子亲手擀的面条

在清贫时，作为“奢侈品”的面不曾少过一顿；到了富裕时，也未将看起来太过简朴的它撇弃。究其缘由，不仅是因为它承载着人们美好的祈愿，更重要的是长辈将对子女晚辈最真挚的关爱倾注其中。几瓢白面，一碗清水，一根长长的擀面杖，柔软筋道的面团在张树清灵巧又娴熟的双手中变成了一根根面条。热乎的面与精心搭配的卤汁碰撞出扑鼻的香味，弥漫在整个房间。

暮色四合，华灯初上，一家人在傍晚团聚，共同分享这顿拴腿面。

“小孩今天优先，因为是小孩日子，先给小孩拴腿。一根不能掐断、一口气吃下去，象征着长命百岁，健康成长。”

与平日里中国人敬老而让长者首先动筷的传统不同，初七这一天，第一碗面并非端给老人，而是让家里的孩子先吃。在传统习俗中，拴腿面讲究初七先给孩子吃、十七先给中年人吃、二十七先给老人吃，寓意着新的一年里，家中无论是老人、孩子还是青壮年，人人都能够健康平安。

如今，不仅是在农村，城市里也有很多人依然遵循着这样的传统。原本春节期间关门歇业的面馆，每逢“人日”，也会特地开门营业。店面里挤满了前来吃面的人们，大家共同祈愿着，吃下拴腿面、来年健康平安。

拴住幸福与平安的是拴腿面，更是家人的牵挂，一碗面里是浓浓的爱意，千金不换、代代相传。

祭天公
——感谢大自然的恩赐

地点

福建省漳州市

《礼记·礼运》所载：“夫礼，必本于天，肴于地，列于鬼神。”

作为扎根于土地、顺应天时而耕作的农业国家，中国人自古以来就有十分浓厚的敬天思想。古人认为“天”是宇宙的主宰，“天公”对万物具有强大的统治力。随着各种传说与习俗的演变与发展，“天公”被不断具象化，成为人们耳熟能详的“玉皇大帝”。道家传统正月初九为玉帝诞辰，此观念基于“阳数始于一，而极于九，原始要终也”而形成，唐明皇李隆基在其所撰的《月令注释》中，也曾指定正月初九为“玉皇诞”。

“天公”的诞生源自于原始社会里人们对自然风云莫测的恐惧，在自然灾害时有发生的闽南沿海地区，当地人对上天的敬畏之情尤其深重，代代传承着祭天公的传统习俗。在初九当天，福建省漳州市云水谣的各家各户都准备着祭天公的仪式，村民简建禄一家也不例外，在初九当天一大早就忙活了起来。

祭拜天公

“正月初九是玉皇大帝的生日，所以我们就在这一天给他过生日。每到这一天，都跟着爷爷奶奶或者爸爸妈妈拜天公，非常高兴。因为拜完了都有很多供品可以吃！”

代代相传的习俗在当地的孩童心中是热闹与美食的代表，年年怀着期待盼望着。等到一代人长大、明白了其中的美好期盼与祈福意味，又将这一份带着仪式感的欢乐种在晚辈心里，一份信念因此而不息，一种仪式因此而传承。

面线、甜果、红龟糕作为最常见的供品，是健康长寿、快乐幸福、吉祥平安的象征。简建禄一样一样在介绍着的同时把它们摆好，之后便开始点香祭拜。依照传统，家中的男主人会带领家人一起上香，以表示对天公的尊重。在祭拜时，家中的成员需全部到场，倘若有事缺席则要由家人代为烧香、跪拜。长香直立、鞭炮声起，家中虔诚肃穆的祭拜活动就算完成了。村民们纷纷走出家门，开始了相聚在一起的欢庆。几支舞狮队伴着响亮的锣鼓，人们在喜气洋洋的氛围中娱神娱己，享受欢乐。

一到舞狮所在场地，可知白居易笔下“金镀眼睛银贴耳，奋迅毛身摆双耳”的描写不虚。只见一红一金两只狮子被围绕在人群中央，时而站立飞跃，

祭天的供品——全鸡

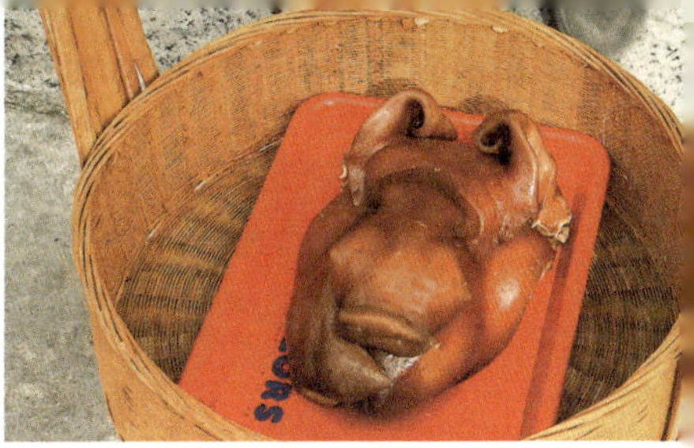

祭天的供品——猪头

祭天的供品——红龟膏

时而眨眼甩耳，形态逼真、憨态可掬，让观看的人们开怀大笑。

对中华儿女而言，舞狮代表天下太平、国泰民安。向前去追溯，舞狮在中国有着悠久的历史，1000多年前的《汉书》中已经有了关于舞狮的记载。狮子以它威武的体形成了中国人心目中的祥瑞，因此人们用狮子的形象驱魔赶邪，并逐渐创造出了模拟狮子行为的舞蹈。近年来，舞狮随华人移居海外而闻名天下，世界各地的海外华人都会在正月里举行盛大的舞狮活动。

“它这嘴主要是靠手控制，手一动，它的嘴就会动。里面还有一条线，牵引着眼睛和耳朵，可以根据想法控制它的表情。比如平常高兴了，眼睛会一直眨，头也会摇，有时候看见一个东西，它会聚精会神地盯住。”

舞狮人一边说着一边将道具展示出来，随着手指灵活的翻动，狮子越发活泼生动。对于他们来说，狮子丰富的面部表情和俏皮的神态，全靠一根细细的绳子来完成。配合上身体的翻动跳跃，其实是十分辛苦的，但即使满头大汗，却依然掩盖不了舞狮人为人们带来吉祥欢乐的喜悦与自豪。

长寿面和彩蛋

舞狮结束后，喜庆的气氛依然停留在人群之中，大家开始互相串门、互送祝福，闲度半日时光。在热情好客的闽南人看来，到了别人家里却不真吃真喝，就算不实在。因此在这一天，只要推开门走进别人的家中，就一定要坐下来喝场酒，而主人家也一定要好吃好喝招待好。

在往日物资匮乏的年代里，家中的酒和肉十分珍贵，平时舍不得吃，只有留到过年的时候才会拿出来招待贵客。如今的日子越来越红火，这样的传统习俗却依然保留着。每到春节前夕，各家的主妇们都会在家中备下充足的食材，以便在正月里客人来访时能很快做出一桌丰盛的菜肴。闽南人血液里流淌的那种重情重义、与人分享幸福的性格，在这一习俗中展现得淋漓尽致。

祭天公这样的习俗里，对天地，人们在新一轮四季轮回的开端祭拜神明，以表达对天地的敬畏之心，希望能与自然和谐相处，祈求来年风调雨顺、无灾无难；对友邻，人们在新旧年更替的日子里欢聚玩闹，彼此传达着善意与祝福，期盼在以后的日子里依旧能够和睦相处、互帮互助。

伴随着锣鼓的喧嚣、鞭炮的轰鸣，火红的热情和浓浓的情谊在正月里慢慢地扩散开来，人们在欢声笑语中享受着正月里舒缓的生活节奏。心怀感恩与祈愿，幸福渐生。

社火——快乐闹红火

地点

山西省祁县

正月的主题是喜庆与热闹，也是庆贺与感恩。在自古以来便是以小农经济为主体发展的中国，百姓心中对于赖以生存的土地与火种的重视几乎与生俱来。在历史车轮滚滚向前的过程中，“社火”表演逐渐于中国古代的祭祀活动里产生了。

在农耕社会，“社”所代表的土地让人们得以安居乐业、繁衍生息；而“火”的产生则在让人们摆脱了荒芜生活的同时带来了进步与温暖。古代帝王会在特定的日子里祭祀“土地神”和“火神”，以祈求他们能够保佑来年国泰民安。后来社火流传至民间，百姓以此为乐。

社火的习俗传承了2000多年，随着人类文明的进步，其形式、内容发生了质的变化，从根本上摒弃了对“神”的崇拜，发展成为一种丰富多样、生动有趣的文化娱乐活动。时至今日，社火仍在正月里为人们带来欢乐。

晋商社火发源地之一的祁县是一座有着千年历史的古镇。每到正月，大

社火表演的热闹场面

社火娃娃化妆

人们耍社火、孩子们跟着凑热闹。对于这里的人们来说，不在此期间好好闹腾上几天，年似乎就过得不热闹、没滋味。

正月里，天刚蒙蒙亮，晓义村的村民们便开始装扮起来，为即将开始的社火表演做最后的准备。今年六 60 多岁的程振梅，从 8 岁开始便年年跟着大人们一起参加社火表演。对她来说这是童年记忆里最高兴的事。多年积累的经验让她对于化妆的讲究了如指掌，娴熟地为小演员装扮的同时，程振梅的幸福回忆也被悄然勾起。

“小时候可喜欢‘社火’了，走到谁家门口，人们看见都说孩子你真漂亮，就给吃梨。那时候没苹果，就给吃梨、吃糖。用棍棍挑起来，举着喂到嘴里吃。”

孩子是社火表演中最大的亮点，社火娃娃的选择标准也很是苛刻。年龄要五至十岁之间，长相好是必要条件，还得性格好，或活泼大方，或憨萌可爱，让人看了便心生欢喜。程振梅在小的时候也被挑去当过社火娃娃，一说起这件事她就很兴奋，因为这是小朋友的心愿，也是大人们的骄傲。

“过去的大姑娘人家都抢着上，谁家的姑娘一上‘铁棍’，就说明这个姑娘特别漂亮。过去有钱的人家就慕名求婚来了。”

程振梅提到的“铁棍”是当地最受欢迎的社火表演项目。这种据说可以追溯到明朝的表演形式，如今已经成了每次社火必演的压轴大戏。大人们会在表演前把孩子装扮成各种戏剧人物，孩子在表演时站上事先搭好的铁架，用布条把身体牢牢固定住，再由四五个成年人将其扛起。领头的村民一声吆喝，大家便随着锣鼓声迈出各种夸张的舞蹈步伐，一步一摇地前进。孩子们则威风凛凛、居高临下地站在铁架上面，天真烂漫地来回摇摆舞动水袖。大人们诙谐幽默的动作，孩子们稚嫩可爱的表情，往往引得现场的观众们捧腹大笑，无论是大人还是孩子都乐在其中。

如果说历史上的社火是一台唱给神听的大戏，那么发展至今，则成为了一台充满民俗味的精神大餐。银川市文联主席郭文斌对此颇有研究，谈起来便不免自豪地说：“社火很有文化底蕴的。比如说唱大戏。唱大戏唱的内容全是忠孝结义、仁爱和平、讲孝道。过去那些老百姓或许不识字，但能教出来忠臣良将，靠的就是民间的这些社火。所以社火不单单是一种娱乐，更是中国文化的一种重要传承方式。”

对于中国大部分地区的人们来说，社火的表演大多在农村，而繁华的大都市里实为罕见。50多岁的宁夏银川市民李山在两年前从农村搬进了城市居住。和很多从小在农村长大的人一样，过年时看“社火”的美好记忆一直在他心里留存着。在李山看来，虽然城市里的生活条件要比农村好一些，但是在春节期间似乎少了些热闹的年味。

这几年，为了重新找回这些快乐，李山多了一个新的爱好。他在得闲的时候就会制作各种道具，到了周末还会和老伴一起回到农村，参加那里的社火排练。此次正月，村里给他分配的舞蹈叫作“骑驴的婆姨赶驴的汉”，这段民间舞蹈来源于陕北地区，根植于农村土壤中的质朴舞蹈让李山深深陶醉其中。

社火的表演形式种类繁多、类型齐全，无一不透露着农村人民纯朴热情的性格特点。在流传的“老百姓，要快活，赶会唱戏闹红火”的民谣里，在以“玩”为主题的正月中，人们尽情表达着对新年到来的欢喜，吉祥火热的气氛也就在人群中“闹”了出来。

每个地方的社火表演都极具特色，展现着当地风土人情。西北的豪迈粗犷，东北的热情奔放，南方的质朴婉约……尽管表演形式各不相同，寄托在社火表演中对美好生活的祈盼与祝福却是一般无二的。

人们欢聚一团，闹出吉祥、闹出红火、闹出来年的幸福安康与生机勃勃。

老鼠嫁女
——动物的喜事、民间的乐事

地点
山西省大同市

不同于正月里一贯的热闹喜庆，在正月初十这一天，山西省的不少地方却被安详静谧的气氛笼罩着。欢腾的庆贺被家家户户惯例的搓面所代替，这与众不同的风俗源自于“老鼠嫁女”的传说，为热闹的正月增添了温馨祥和的气息。

庄稼人大多有着囤粮的习惯，而农村的粮仓中常常会有老鼠出没，家中的粮食被偷偷吃掉是自古以来一直存在于农民心中的烦恼。《诗经》中就曾记录了百姓“硕鼠硕鼠，无食我黍！”的悲呼。在山西的传说中，正月初十是老鼠嫁女的日子。人们认为把老鼠嫁出去是一件吉利的事情，因此每逢正月初十当天，人们不能推磨舂碓，不能搬石头、盖屋子，为的是避免惊扰了老鼠迎亲的队伍。这样一来在新的一年，家里的粮食能就得以保全、不会被糟蹋一空。

在山西大同，每家每户还要在老鼠嫁女的这一天特地为老鼠们准备一些

为老鼠精心准备的莜面

食物。根据习俗，供品必须是当地最有特色的主食才行，如此一来，用山西的特产莜麦做成的莜面，便成了当地人的首选。黎明初至，晨光熙微，住在老窑沟村的田文一家便已经开始忙活起来了，码好的面条置于案板上，揉好的面团尚在盆里，大家围坐一团搓着莜面，面的白与窗花的红相互映衬出了暖洋洋的颜色。

“我们小时候就开始做莜面，出门做事基本上都要拿干粮，搓莜面、推窝窝、搓鱼鱼，这些活干起来不费劲。大年初十吃莜面，一家人坐在一块儿，一起做、一起吃。过年的感觉，是其乐融融的、一家暖暖和和的。”

如同村民康文秀所说的一样，当地的妇女自小便学着做莜面。在老窑沟村，如果一个妇女会做的莜面种类越多，就说明她越会持家、越爱家人。手下搓出来的面条是家的味道，也是平日里质朴却珍贵的温暖。人们将对生活的热爱揉进了面里，产生了多种多样、五花八门的莜面做法。除了“推窝窝”外，“莜面条”是最常做的一种，村里的许多巧手媳妇不仅能两只手同时搓十根莜面，而且动作十分优美灵巧。

“我从小爱推窝窝，我四姐就搓细条条。她一只手搓四根，搓得特别好！

各式各样莜面的美食

搓得一根也不断，粗细也刚刚好，没有一根细、一根粗的。”

在村民张桂珍的记忆里，莜面是伴随着自己与姐妹们成长的一个技术活，这个带着些艺术气息的手艺也在日积月累的经验中不断变得更加精巧。

搓莜面有讲究，蒸莜面也同样不是一件容易的事情，需要对时间有着极高的掌控。在蒸莜面的时候要盖好锅盖，中途绝不能打开。倘若中途掀开发现没熟，这锅莜面就再也熟不了了。蒸好之后要马上揭锅，趁热将融入了满满心意的面吃下去。当地流传着“揭笼莜面三口香”的说法，指的就是只有刚蒸熟的莜面，才最香、最可口。莜面承载着当地人岁岁年年的发展，光阴如水般流淌到每一个搓面人的手底下，变成热腾腾的面，暖着每个人的心。

吃了一辈子莜面的田文自小便听家中长辈念叨着正月初十的讲究，按照流传至今的习俗，当地人在老鼠娶亲的日子里，需要把蒸好的莜面专门放在墙角的土穴里，以便供予迎亲的老鼠们享用。除此之外，晚上还不可点灯、不能说话，以免惊扰了老鼠的队伍。

历史上的山西人在这一天吃莜面是为了讨好“鼠爷”，祈求来年粮食满仓、衣食无忧；到了如今，随着经济发展，山西人的生活已经十分富足，全家在这一天聚在一起吃顿莜面，则是图一个团圆热闹。不仅村子里会在这一天吃莜面，每到初十，城里的很多饭店也会推出各式各样的莜面小吃。有传统的莜面窝窝、莜面鱼鱼、莜面饺饺，让人大快朵颐的同时，也为每一个山西人带来了正月里的暖意。

这样的传统在中国很多地方依旧保留着，只不过老鼠嫁女的时间并不统一。台湾地区是在正月初三，人们要在地上撒盐、撒米；对于青海人而言是在正月十四，家家户户要用面捏成十二只没有眼睛的老鼠；到了上海则是正月十六，这一天每一户人家都会飘出炒芝麻糖的香气。还有一些地方将日子定在新春尾声的正月二十五。虽然每个地方的日期、习俗略有不同，但把老鼠“遣嫁出门”以求吉利的心愿却是相同的。

奇特的风俗里蕴含着先人们丰富的想象力，寄托着千百年来人们对粮食的珍视，在一年又一年里承载着人们对五谷丰登粮满仓的美好心愿。

汤圆——元宵庆团圆

地点

浙江省宁波市

“桂花香馅裹胡桃，江米如珠江水淘。见说谁家滴粉好，试灯风里卖元宵。”

中国年俗美食的群芳谱中，汤圆占据着不容忽视的一席之地。用糯米粉包着丰富内馅的滚圆小球，有着团圆美满的意象，逢年过节吃汤圆，寓意着家庭和谐、吉祥。尤其在元宵节，吃汤圆更是必不可少的传统习俗。

中国幅员辽阔，各个地方汤圆的种类与叫法也有些许差异，大致上可以粗略分为南北两派，北方的叫作“元宵”，南方的叫作“汤圆”。在北方地区，“元宵”是摇出来的。调好的馅被切成方块放入竹筛中，倒入糯米粉后不停地摇晃。随着馅料在互相撞击中变成球状，糯米粉也沾到馅料表面形成了元宵。这样做成的元宵粉层很薄、表面是干的，下锅煮时糯米粉才吸收水分变糊。而在南方，汤圆则是包出来的。糯米粉加水和成团，然后像包饺子一样把馅包进去，揉搓成一个圆形。做得好的汤圆表面光滑发亮，表皮已含有足够的水分，有些粘手，不太容易保存。

摇元宵——切元宵馅之后“摇”上糯米粉

包汤圆——揉好的面团包上馅

汤圆的种类丰富多样，其中浙江宁波的汤圆最负盛名，俗语云：“宁波家家捣米做汤圆，知足常乐又一天。”宁波汤圆由来已久，早在700多年前的宋朝，浙江宁波尚且名为“明州”时，当地的人们就制作出了这种糯米粉制成的圆形甜品，名为“浮元子”。由于其味道香甜可口，没多久就风靡全国，在之后的六七百年里，“汤圆”逐渐取代了原来的名字，并被不断改良发展，可荤可素，风味各异。虽然全国各地的汤圆形式有所不同，但都有着合家幸福、团团圆圆的美好寓意。时至今日，它已经成为元宵节里中国人必定要吃的一种吉祥食品。

现如今，很多农村地区的人依然保留着亲手包汤圆的传统，譬如家住慈溪的毛家三姐妹。在她们眼中，在元宵节这个难得团聚的重要日子里，一起包汤圆就是幸福的象征。毛家的大姐在香港工作，二姐和三妹在周边的城市做着生意，由于各自成家，除夕时要和自己的家人共度，三姐妹便约定每年的正月十五，无论人在何处、路有多远、工作有多忙碌，她们都要回到老家，和娘家亲人们聚在一起，吃上一顿团圆与美满的汤圆。

亲手炒制的白芝麻被细细碾碎，豆沙馅里撒上桂花，几种馅料的香甜气味混合在一起，夹杂着桂花干的馥郁浓香飘满了整个房间。“自己家里的汤

煮好的汤圆

圆做得好吃，糖多，很甜的。”对于三姐妹们来说，从小就吃惯了妈妈包的汤圆，这种带着浓浓爱意的汤圆，是外面怎么也吃不到的美味。

“我们小时候常偷着吃，那时候家里穷，放学回家肚子饿了，汤圆还没熟，就被偷偷地先吃掉了。”贴在母亲身旁站着的毛群儿忍不住提起自己幼年时的趣事，惹得一家人开怀大笑。

手中的汤圆逐渐圆滚，屋里的气氛愈发热闹。一旁的姐妹一边往手中的汤圆皮里填着馅，一边不忘打趣着毛群儿：“你啊！不仅吃生的，还要偷馅吃，芝麻馅、豆沙馅，都不放过。”

“星灿乌云里，珠浮浊水中。”包好的汤圆进了锅，浑圆可爱的小球在融入了糯米的汤里浮浮沉沉，不出十分钟，就一个个漂了起来。有民俗专家表示，开锅之后煮熟的汤圆漂在水上，煞是好看，不禁让人联想到一轮明月挂在云空。天上明月，碗里汤圆，家家户户团团圆圆。因此，吃汤圆表达的是人们对合家团圆的喜爱，同时也透露着中国人对传统节日与民俗文化的传承和热爱。

三姐妹与家人围坐圆桌。桌子正中央，刚出锅的汤圆便是刚刚一起在谈笑间包好的，每一个都带着欢乐与幸福。如今毛家三姐妹虽然都已经事业有成，日子过得红红火火，但是快节奏的生活却让她们很难有时间静下心来吃一顿饭。元宵节创造了一个难得的机会，让她们能够放下手中的事情，再一次和家人团聚一起，吃上热腾腾的汤圆，聊着往事。

“元”在中国有着深刻的含义，既代表着“一年的开端”，也有着“周而复始”的含义，意味着生生不息。汤圆的“圆”字，也同元宵的“元”一样，有着一元复始的寓意。元宵节里与家人吃上一碗汤圆，便收下了岁岁年年的团聚与永恒不变的爱意。

“香泽糯米做汤圆，沸水飘银富贵咸。入口绵甜滑润爽，阖家欢乐醉天年。”元宵节里的温情守候，让中国人的新年过得有情、有爱；“浮元子”中承载的美好寓意，则让大家庭的团聚更加充实、甜美。

宫灯——通宵长明、人丁兴旺

地点
河南省洛阳市

“火树银花合，星桥铁锁开。暗尘随马去，明月逐人来。”

充街塞陌，聚戏朋游；鸣鼓聒天，燎炬照地，元宵节在吉祥喜庆的气氛里悄然来临。在古代，月圆之夜被称为“宵”，而正月十五是一年中的第一个月圆之夜，人们便把这个特殊的日子定为“元宵节”。元宵节是中国年中仅次于除夕的重要日子，在“花间蜂蝶趁喜狂，宝马香车夜正长”的热闹里，人们庆贺新春的活动又到了一个高潮。

“元宵节中的‘元’字，有一年之元、四时之元的意思。一年之元指一年的开端，四时之元指春夏秋冬四季的开端，所以元宵节又有上元节的说法。在人们心中，天官会在上元节这一天降临人间，赐予百姓们幸福与安康。”中国民俗学会理事宋颖阐释了元宵节的含义，从中也可以看出人们心里对欢庆元宵的期待与热情。

在元宵节中，最为热闹的时刻并非白天，而在于夜幕降临之后的闹市嚣尘、

洛阳灯市

焕彩灯笼。各式各样的花灯将中国各地的夜晚装扮得格外烂漫。譬如福建客家人的祖地闽西，就以独特的“闹花灯”闻名海内外。那里有着许多深受人们喜爱的花灯品种：富丽堂皇、雍容华贵的潮州纱灯；制作精美、选料细致的洛阳宫灯；精巧雅致、灵动有趣的重庆秀山花灯……不同风格的灯有着各自的美感，为元宵节装点上一抹抹明光。

所谓“无量火焰，照耀无极”，开灯祈福古俗受佛教的影响极大，在文化交融的大环境下推进，随着中西交流愈发密切而逐渐发展。元宵张灯的传统源远流长，自汉明帝下令正月十五“燃灯表佛”而生，至今已有2000多年。总览历史，此习俗始于东汉时期，南北朝时渐成风气，至唐代时呈现出了空前盛况，元宵灯会就在此时成为法定之事。刘肃的《大唐新语》中记载了当时的盛况：“京城正月望日，盛饰灯影之会，金吾弛禁，特许夜行。贵臣戚属及下俚工贾，无不夜游。”穿越千年至今，逛灯会、赏花灯依然是当代中国

老艺人做大灯笼

潮州纱灯

人在这个节日中最享受的一件乐事。

生活在河南洛阳老城区中的王福信老人如今82岁，他出生在祖上做灯有200多年历史的宫灯世家。作为王家第五代传人，王福信自小在长辈的熏陶下学习，手艺十分精湛，现下人民大会堂、中南海里悬挂的红灯笼，皆出自于他的双手。由于名声在外，每年元宵节时前来购买宫灯的人总是络绎不绝，这也是王福信一年中最忙碌的时候。人潮熙攘，灯笼高挂，在一片金与红的交相辉映中，王福信不惊不扰地编织着手中的竹条。无论是制作还是样式，他都遵循着古老的传统，每一个灯在他心里都有所来历、有其意义。

“这个灯叫‘长明灯’，是清朝古典灯的一种，历史都有260年了。‘长明灯’逢年过节都可以挂，闺女结婚的时候，陪嫁里也少不了它。”

王福信的介绍中透露出对自己作品的自豪，也流露着对与自己相伴一生的手艺的浓浓热爱。目光所至之处，每一个宫灯都好似一件艺术品，可谓是“珑玲世人叹，艺绝神仙惊”。

洛阳宫灯种类繁多，其中动物造型的花灯最受青睐，大人们往往会在节时买上一盏，总能哄得孩子们高兴好几天。在王福信儿子王建勇的记忆中，儿时的元宵节，父亲总会亲手为他做上一盏花灯，到了晚上便可拎在手中去城里逛上一圈，总会有无数人投来艳羡的目光。对王建勇而言，在那个文艺生活较为匮乏的时代，父亲手下诞生的“羊低头”“鸡斗架”“小龙灯”是童年时期年复一年的期盼与欢喜。

在汉语中，“灯”与“丁”的发音相似，这一晚点上灯，寓意着“人丁兴旺”。对此，洛阳市民俗博物馆书记田国杰补充道：“元宵节家家户户都要挂灯，家里面都要点上蜡烛，粮仓门口木墩上、厨房的灯都要彻夜不熄，都是人们的一种美好愿望的表达。”

对中国人来说，元宵节的灯会不仅仅充满了吉祥欢庆，还十分富有浪漫色彩和趣味性。在古代，年轻女孩没有家长的允许是不可出门自由活动的，但是在元宵节这天，她们却可以自由地结伴出行、游玩猜谜。在“花市灯如昼”的夜晚，许多未婚男女借着赏花灯的机会，穿梭于繁华街市，寻找心仪的对象，玉佩递情，香囊传意，传出许多佳话。

“比如说那一句‘众里寻她千百度，蓦然回首，那人却在灯火阑珊处’，就是因为给他们创造了这样一个相识的机会。”洛阳市老城区文化局工作人员梁晨昕站在花灯下，带着温暖的笑意说道，“在元宵节的时候，最主要的节目可能就是猜灯谜了。大家在猜灯谜过程中一方面可以启发智慧，一方面又能获得一种乐趣，所以这是最为普遍、也最受欢迎的一种活动。”

“缛彩遥分地，繁光远缀天。”花灯相连，顺着长街延绵不绝，朴素的街道在一片喜庆红色的映照下好似桂殿朱楼。人们徜徉其中，孩童嬉闹，爱侣相携，每个人都在通宵的长明灯里祈愿着幸福，享受着欢乐。

观天地，清月华灯相悬万里，皆生明光，乃吉利之兆；问古今，先人后辈相隔千年，都绽笑颜，为如意之征。

冰灯——精雕细琢的童话世界

地点
黑龙江省哈尔滨市

在正月里以红色为主基调的神州大地上，各地火树银花、争奇斗艳的元宵灯会如火如荼地进行，中国的东北地区则在此时筑起了一个独具特色的冰雪琉璃世界，为天寒地冻的冬日增添了奇幻的童话色彩。闪动清光的冰灯映照着沉沉的夜空，东北地区的人们也在此时以独特的“冰灯”形式，庆祝着元宵佳节。

在古代，冰灯制作很讲究技巧，所用原料有冰也有雪。为了延长展出寿命，有的还“以矾入冰”或“以矾水淋雪成冰”，使做出的冰灯“至二三月间方解”。南京诗人金德荣就在其古风长诗《巴里坤冰灯歌》中提到“以矾入冰冰不化，以烛照冰光四射”。至于制作的形状，更是千姿百态，呈奇献巧，《国朝金陵诗征》中对新疆巴里坤冰灯的类型进行了陈述：“广长十余丈，其内山原、楼阁、玉屏、石壁、几案、人物悉搏冰为之，照以烛。”

冰灯的起源与人们生产、生活实践活动密切相关。古时候，居住于寒冷

在创作区雕刻冰灯

地区的农夫或渔民，在滴水成冰的夜晚喂马或捕鱼时，以冰为罩，烛火置于其中，防止被风吹灭，以此弥补照明用具的不足；后来，有的穷苦人在新春佳节或上元之夜，不甘寂寞又买不起灯笼，便做了冰灯摆在门前凑趣，故此冰灯又称“穷棒子灯”。随着时间的推移，人们对于审美的需求有所增加，因为冰灯的工艺复杂，变成了有一定艺术价值的观赏品。描写冰灯的诗歌最早见于唐顺之笔下的《元夕咏冰灯》：“正怜火树斗春妍，忽见清辉映夜阑。出海鲛珠犹带水，满堂罗袖欲生寒。”

乾隆、嘉庆年间，四川诗人张问陶笔下曾写道：“黑夜有炎凉，冰灯吐焰长。照来消热念，凿处漏寒光。”由此可知历史上南方地区也曾出现冰灯，但是所谓一方水土养一方人，松花江在冬日里自然孕育的冰致密均匀、通体明透，且当地气候寒冷，冰块更容易保存，因此东北地区的冰灯发展尤为领先。

年岁更迭，冰灯带来的热闹却依旧存在，如今的黑龙江省哈尔滨市是中国著名的冰雕城，每年冬天，这里都会举行盛大的冰雕艺术展。今年将近六十岁的孙秉文从事冰灯制作已经30多年了。作为一所中学的美术老师，他有着扎实的美术功底，一块块看似普通的冰块，经过他雕琢后总是能够呈现

冰雪大世界

出栩栩如生的姿态。

“一入冬以后，我们就开始打小稿，今年是马年，我们雕刻的作品多半都是以马为素材。在雕的过程当中有很多乐趣，自己能参与进去就感觉是一件非常幸福的事情。”

在创作区里，孙秉文正在进行他今年的冰灯雕刻，随着一片片碎冰的掉落，完整的冰块上出现了棱角，线条连接又延伸，一件艺术品雏形逐渐形成。对于从小在哈尔滨长大的孙秉文来说，对冰灯总是怀有独特的感情。

“记得是在1963年的时候，我只有六岁多，第一届冰灯游园会就来了。观看冰灯时因为太喜欢，忍不住跟它来了一个亲密的‘接吻’，结果舌头就粘上了,给我印象特别深。但这个小风波也没有影响高兴的心情，反而让我记住了对冰灯浓浓的喜爱。”

简易冰灯

儿时的回忆让孙秉文内心至今燃烧着创作冰灯的热情。在孙秉文看来，冰灯不只是艺术品，更是传统文化的继承和发扬。他自前人手中接过冰雕的“接力棒”，让更多人的回忆中也有与自己童年里一样的欢喜。

随着夜幕降临，万家灯火渐起，一座座五彩的冰灯城堡也呈现在人们面前。栩栩如生的人物，千奇百怪的造型，彩光透过晶莹的冰，为整个冰灯世界笼罩上了一层朦胧的华光，让人仿佛置身于梦幻的童话之中。

“五里之内尽通明，半月能教天不夜。元夕月轮照碧空，大千人入水晶宫。”冰雕艺术展上人来人往，孩童们被冰滑梯所吸引，纷纷前去排队等候。大人们穿梭于各个冰建筑之间，欣赏着细致的雕刻作品。人群中不乏结伴而来的异国友人，纷纷惊叹着冰灯的神奇与美丽。每个人都发出由衷的赞叹，毫不吝啬地表达着自己对冰雕世界的喜爱。

与灯会上精雕细琢的冰灯不同，在东北的乡间，冰灯的制作更为传统和简约。在元宵节的夜晚，大人们在冰块里加入油灯或是蜡烛，用塑料花、彩纸做装点。孩子们则在冰灯上贴上“福”“禄”“寿”等吉祥的文字，古朴的冰灯就做好了。冰灯被摆放在大门口的两侧，晶莹剔透的冰中透出柔和的烛光，“影湿星沉水，神清月里霜”，与春节彻夜不熄的灯笼遥相呼应，映照出一片吉祥如意的美景，寓意着来年家和人兴。

“烛花不碍空中影，晕气疑从月里看。为语东风暂相借，来宵还得尽余欢。”月影朦胧下，冰灯组成的“仙境”里却灯火通明。人们嬉戏其中，怡然自得。在冰灯文化的渲染下，正月里的人们被美丽梦幻的冰雪琉璃世界所吸引，改变了足不出户的“猫冬”习惯。哈尔滨之冬不再寂寞，正月因人们的热情而火热。

点旺火——越烧越旺的新年祝福

地点

内蒙古自治区包头市

元宵节的夜晚，中国各地到处灯火通明。在内蒙古、山西、河北等地很多家庭的院子里或大门前，一团又一团用煤块搭建起来的旺火热烈燃烧，彻夜不熄，谓之“旺火”。

在中华文明中，“火”往往象征着蓬勃的生命力是带来光明的希望；而“旺”字本义指光明旺盛，引申意为火势剧烈，也形容事业兴隆、发达、繁盛。“旺盛的火焰”自古以来便被赋予了驱邪避凶的吉祥之意，在大型的节日或祭祀中从未缺席。“生旺火”也作为古老的中国民俗文化流传至今。

由《汉仪》所云“正月旦，天子幸德阳殿，临轩，公卿大夫百官各陪朝贺。蛮、貊、胡、羌朝贡毕，皆陛觐，庭燎。”与《隋书·礼仪志四》所记“梁元会之礼，未明，庭燎设，文物充庭。”可知，国家礼仪中一早便有在元日“庭燎”的规定。由于礼制中的仪式在历史发展中自上而下逐渐传播，民间“庭燎”的记载最早出现于南朝梁代的《荆楚岁时记》。时至今日，春节庆典中的这

熊熊燃烧的旺火

炭堆垒旺火

一点火习俗逐步摆脱了迷信，已经从具有强烈的驱邪色彩的“庭燎”，发展到象征全家兴旺的“点旺火”，在旧习俗中迎来新气象。

生活在内蒙古土右旗联合村的郭先柱如今50多岁，他的祖辈就是从山西走西口来到了土右旗，直到现在，他们一家人依然遵循着这一古老的传统。

“过去，没有这种精炭，都是用玉米秆或者是麦秸，拢上一堆炭、再拢上火，总是一会儿就熄了。现在咱们生活好了，村里头大部分人家都有旺火架子了。”

在郭先柱的记忆中，过去条件不好时，垒旺火是一项非常辛苦的事情。要把形状、大小各异的煤块在平地上搭建成一个宝塔的形状，极其考验技术，往往需要三四个小时才能完成。如今，精巧的旺火架让垒旺火变得便捷了许多，但是郭先柱对此的重视却并没有减少。对他来说，“垒旺火”依然是正月十五这天最重要的事情。

“炭烧的时间越长越好，旺盛的家庭可以着到第二天，一晚上都红红的，讨一个吉利。”郭先柱站在旺火架旁准备着，每一根木材、每一块煤都认真地摆放整齐。在当地，旺火对于家家户户而言都有着重要的意义，一点也马虎不得。

谈到“点旺火”这个习俗的由来，土右旗志史办张连根说起了当地的一个有趣传说：“早先说天上有九头鸟，它的粪便只要落在院里头或者落在身上，

这个人家就不吉利了，要招凶。后来群众总结了一种方法，就是用旺火。点着旺火时有大量的烟，还有火向上冲，九头鸟就不敢朝这飞了，院里就落不下它的粪便。所以旺火是驱鬼辟邪的。这种习俗后来逐渐演化成人们对美好幸福的一种向往。”

在半个多小时的时间里，郭先柱已经将旺火架里填满了煤块，最后压上一

红火的旺火照亮院子

张写着“旺气冲天”的红纸条，一个寓意红红火火的旺火就算垒好了。做完准备工作的郭先柱进了屋，与家人们围坐一团，一家人一边包饺子，一边期盼着旺火点燃的那一刻。

“拢完旺火吃饺子，旧的一年就过了，又来了新的一年。咱们吃饺子就是捞元宝，家家户户捞元宝，年年发财！”

随着一个个形似元宝的饺子摆满了案板，夜色逐渐笼罩了闪着彩灯的院落，大门口的灯笼也亮起来了。作为家中的男主人，郭先柱来到院子里点燃了旺火，浓烟滚滚，红光笼罩，一家人围着熊熊燃烧的旺火顺时针和逆时针各转三圈，将祝福与关爱在这个被称为“转旺火”的习俗里表达出来。

“一圈，两圈，三圈。长寿！平安！祝晚辈幸福成长，事业有成。”

在合家欢乐的气氛里，郭先柱不禁回忆起很小的时候跟着父亲一起烧旺火留下的快乐回忆。“记得小时候，跟我父亲点旺火，我在旺火堆前面抱着柴火往上点，刚点着火就起来了，把我的眼睫毛燎了，我父亲赶紧拉我。其实我认为就算燎到也无所谓，意味着旺盛嘛，我觉得我现在就过得好，儿女也挺好，老人也挺好，我这一生都是红红火火的。”

跳动的火焰泛出的红光，映照着门楹上红红的春联。在一片祥和的氛围中，人们互相祝福、共同庆贺，把红红火火的过年气氛烘托到了极致。

如同当地流传的俗语“人家发旺、全凭烧上”，小院在火光照耀里显得格外喜庆，熊熊燃烧的旺火静坐于庭中，将来年的福气越烧越旺。

舞龙灯
——三百米长龙闹元宵

地点
浙江省龙泉市

“凤箫声动，玉壶光转，一夜鱼龙舞”的盛景流传千年，时至今日，舞龙灯依旧是元宵节中最重要的一项活动。

龙作为中华民族的精神图腾，自古以来便是神圣与天威的象征，五千年来已深深扎根于所有中国人的心中，至今仍对中华民族有强大的感召力、凝聚力、向心力，以民俗的形式出现在正月中。

在古代，民智尚未开化、科学知识不足，人们在风云莫测的自然中寻求精神慰藉，创造出了许多神明与传说。其中龙在神话中“春分登天，秋分潜渊，呼风唤雨，无所不能”，并且因掌管海洋而与“水”有着密切联系，故而被视为大地的司雨神。基于“民以食为天”，龙可以说掌握着民生命脉，在人们心中备受重视。为了能够得到龙神庇佑，人们常常会在元宵节的夜晚舞龙灯，以此来祈求人寿年丰、平安吉祥。宋代夏竦就曾在《奉和御制上元观灯》中描绘道：“宝坊月皎龙灯淡，紫馆风微鹤焰平。”在源远流长的龙灯史中，

板龙的集体游行

世世代代龙的传人积累着精巧的制龙灯手艺，演绎着丰富的耍龙灯技巧，在元宵之夜欢庆佳节。

据记载，浙江的安仁板龙起源于五代，当时刘、项两氏祖先为避五季之乱，于后唐迁徙到此，因而正月舞龙灯的传统习俗也随之兴起。到如今，相关的制作工艺在当地已经流传了1000多年。安仁的百姓认为“龙灯”的发音和“人丁”相似，龙身越长、点灯越多，就意味人丁越加兴旺，因此在当地的习俗中，每家每户都会出一节龙灯，人人助力，家家沾喜。出的户越多，也就表示龙

龙头先行，舞龙开始

更威武、人气更旺。

正月热闹的气氛里，一条连接起来会达到近三百米长的巨型“板龙”正在安仁集结。与简单的龙身制作相比，龙头和龙尾的制作则更为复杂，往往会请手艺较为娴熟的人来完成。今年60多岁的郑文其作为村里做龙头最有经验的人，自然而然地承担起了这一重任。

龙作为神话传说中的神兽并无实际外形，考据古籍，《尔雅翼》中“九似论”的描写最被广泛认可，安仁板龙的造型也与此基本符合。郑文其在负责龙头

舞龙表演双龙盘旋

制作的几十年里，每一处细节都遵循祖先留下的传统。在他口中，对于龙的形象有着更为具体的理解：“龙的鼻子就是牛的鼻子，牛是我们农民的宝；脸是狮子的脸，狮子是百兽之王；角是鹿角，鹿是祥和的动物；还有凤爪、蛇身、鱼鳞、鱼尾巴……”

当夜幕降临，人们请出龙头置于神像之前，烧香礼拜，在有着神圣气息的仪式中把新年的愿景祷告上天。及礼毕，龙头被八位年轻力壮的青年抬出，等候吉时的到来。

暮色四合，锣鼓声响，静静等待的长龙应声而起，与另一村庄所制作的龙灯会合，共同遨游于安仁的每条街道。板龙经过之时，家家户户开门迎龙；板龙所到之处，烟花爆竹声声作响。龙灯之上，漫天的焰火绽放，也就意味着人们将龙神的祝福迎进了家门。

“鱼龙曼衍六街呈，金锁通宵启玉京。冉冉游尘生辇道，迟迟春箭入歌声。”两条300多米长的龙灯穿行于街道之中，将这个乡镇映照得灯火通明。

行至开阔地带，两支队伍摆起了有着“圈福”意义的盘龙阵。龙头缓缓地行，龙尾急急地追，龙身麟光闪闪，犹如巨龙凌空抢珠，驾云嬉雨。人群之中，长龙追着红色的宝珠旋飞跳跃，龙头高耸似冲云端，时而腾空，好似蛟龙狂舞；忽而低下，如同入海破浪。龙灯高低错落，蜿蜒盘旋，人们陶醉于精湛的表演，也沉醉在了喜庆的气氛中。

风烛龙灯，灿然如画，大地被灯火渲染得一片通红，五彩的烟火将天空点缀得绚丽多彩。安仁板龙承载着深厚的民间文化底蕴，在正月里带来欢闹与祥瑞，代代相传，长盛不衰。

图书在版编目（CIP）数据

中国年俗 / 中央广播电视总台编. -- 南昌 : 江西美术出版社, 2022.4
ISBN 978-7-5480-8584-3
Ⅰ. ①中… Ⅱ. ①中… Ⅲ. ①春节—风俗习惯—中国
Ⅳ. ①K892.18

中国版本图书馆CIP数据核字(2022)第009660号

出 品 人　刘　芳
责任编辑　方　姝　叶　启
责任印制　汪剑菁
书籍设计　闵　鹏

中国年俗
ZHONGGUO NIANSU

中央广播电视总台　编

出　　版：江西美术出版社
地　　址：南昌市子安路66号
网　　址：jxfinearts.com
电子信箱：jxms163@163.com
电　　话：0791-86566309
邮　　编：330025
经　　销：全国新华书店
印　　刷：浙江海虹彩色印务有限公司
版　　次：2022年4月第1版
印　　次：2022年4月第1次印刷
开　　本：710mm×1000mm 1/16
印　　张：16
字　　数：120千字
ISBN 978-7-5480-8584-3
定　　价：68.00元

赣版权登字-06-2016-1101